媒体AIGC完全手册

手把手教你用AI

南方都市报　编著

南方日报出版社
NANFANG DAILY PRESS
中国·广州

图书在版编目（CIP）数据

媒体AIGC完全手册 ：手把手教你用AI / 南方都市报编著. — 广州 ：南方日报出版社，2025. 2. — ISBN 978-7-5491-3031-3

Ⅰ. G206.2-39

中国国家版本馆CIP数据核字第2025ZW3886号

MEITI AIGC WANQUAN SHOUCE

媒体AIGC完全手册

编　　著：南方都市报
出版发行：南方日报出版社
地　　址：广州市广州大道中289号
出 版 人：周山丹
出版统筹：谭亦芳
责任编辑：严文玮
装帧设计：肖晓文
责任校对：阮昌汉　符文达
责任技编：王　兰
经　　销：全国新华书店
印　　刷：佛山市浩文彩色印刷有限公司
成品尺寸：170mm×250mm
印　　张：14
字　　数：220千字
版　　次：2025年2月第1版
印　　次：2025年2月第1次印刷
定　　价：88.00元

投稿热线：（020）87360640　　读者热线：（020）87363865

本书编写组

出品人：刘启宇

总监制：戎明昌

总统筹：刘江涛

编写统筹：刘岸然　王　佳　陈伟斌

编写组成员：申　鹏　谢　铨　刘寅杉　李　豪

陈　实　周　潜　董淑云　李璨钊

前言

2025年刚开年，DeepSeek就火出了圈，热度一路狂飙，从专业论坛到社交平台，它的名字几乎无处不在。它之所以火爆全网，主要是因为优秀的语言理解和生成能力，从商业策划到小说创作，从学术论文到新媒体文案，DeepSeek都能信手拈来。AI（人工智能），的确离我们越来越近了。

那么，DeepSeek这样的AI工具，能给媒体人带来什么呢？

当你开展新闻生产时，AIGC（人工智能生成内容）将从哪些方面为你的产品带来附加值？

AIGC将如何影响媒体的运行范式、内容生成方式与传播分发机制？如何找准切入点提升“新质媒体生产力”？

除了有效的运营策略外，数据运营工具如何赋能媒体工作者，“拿捏”融媒增长？

从全球范围来看，AIGC发展势头强劲。美国OpenAI的GPT系列模型一经推出，便引发了全球的广泛关注，它强大的语言理解和生成能力，犹如一颗重磅炸弹，瞬间点燃了全球对人工智能生成内容的热情。它以卓越的语言理解和生成能力，与用户进行自然流畅的对话，撰写高质量的文章，甚至进行代码编写和问题解答。它为自然语言处理领域开辟了新的道路，激发了无数创新应用的诞生。谷歌推出的Gemini多模态系列模型同样不容小觑，它不仅在语言处理方面表现出色，还能处理图像、音频、视频和代码等多种形式的数据，实现了跨模态的信息交互。在安全性评估和可扩展性方面也有不错的表现。这种多模态的能力为AIGC在更广泛领域的应用提供了可能，例如在智能媒体创作、虚拟现实交互等方面，AIGC已经展现出了巨大的潜力。来自AI初创公司Anthropic的Claude模型，也在市场上崭露头角。通过在语义理解和智能体能力评测中的出色表现，Claude证明了自己在AIGC竞争中的实力。它为用户提供了更加精准和智能的服务，推动了AIGC技术在不同场景下的应用和优化。

在国内来看，AI大模型的发展也风起云涌，互联网科技公司竞相投入。无论是字节跳动、百度、阿里巴巴、快手、腾讯、华为等科技巨头，还是专注于AI领域的科大讯飞、商汤科技、旷视科技等垂类厂商，甚至深度求索、智谱华章、百川智能、达观数据等大模型初创公司，都在积极探索与研发。在这样的大背景下，深度求索的DeepSeek、字节跳动的豆包、阿里巴巴的通义、百度的文心一言、快手的可灵大模型、智谱AI的GLM-4等大模型纷纷崭露头角。这些模型不管是在性能上还是在应用场景上都不断取得突破，为国内的AIGC发展提供了强大的技术支持。

世界知识产权组织（WIPO）在2024年7月3日发布的《生成式人工智能专利态势报告》显示，中国在生成式AI专利方面占据着主导地位，2014—2023年，中国在生成式AI（AIGC）领域申请的专利数量为38210个，是排名第二的美国的6倍，领先于全球。这不仅体现了我国在人工智能领域的创新能力，也为AIGC的进一步发展奠定了坚实的基础。AIGC的发展既带来了前所未有的机遇，也带来了诸多挑战。它为内容创作、科学研究、商业应用等领域带来了巨大的变革，提高了生产效率，释放了无限的创意潜力。然而，数据隐私、算法偏见、能源消耗等问题也随之而来。在这个充满机遇与挑战的时代，我们需要深入探索AIGC的实践应用，掌握其技术原理和操作方法，以更好地应对未来的发展。

万物得其本者生，百事得其道者成。在这本书里，我们将剔除复杂的技术细节，深入浅出地为读者解读AIGC的核心原理、技术架构、发展脉络、主流大模型的优缺点，为后续实操建立理论基础，帮助读者从专业角度掌握复杂技术世界中的运行法则。本书内容涵盖基础概念、实践案例、项目管理、风险管理等方面，将帮助媒体从业者在纷繁复杂的信息技术时代看清陷阱，找准机会，塑造先进的媒介技术观。

在第一、二章，本书创新性梳理了目前国内主流大模型的特点与使用场景，并通过拆解实践案例来展示其操作方式，主题涵盖新闻报道、内容创作、广告策划等多个领域。读者可根据各模型的独特优势，获取全面、直观的经验，得以快速上手并在工作中进行应用。第三章聚焦AIGC本地化部署，涵盖多方面要点：在准备阶段，明确对硬件与软件的需求规划，如公有云服务需求、必备软件及版本确定等；重视数据准备与管理，同时合理组建团队。第四章通过文学、影视、新闻传播领域的实践案例展示应用成效。第五、六章深入剖析AIGC项目风险与挑战，并对未来发展进行展望，为媒体工作者整合AIGC技术，将其用于媒体项目规划、资源分配与团队协作中，优化流程并提升效率提供全面指引。针对AIGC在媒体项目中的风险与挑战，本书归纳并分析了在数据隐私问题、版权纠纷、内容真实性等方面的风险点，以资借鉴，读者可对照要点做好风险防范，保障媒体业务高质量发展。

在第二、三章后，附有AIGC相关实用工具和资源获取方式：一方面，按功能及应用场景对常用AIGC工具进行分类罗列，方便读者按需筛选；另一方面，汇总列举各类大模型资源站，为获取更多模型资源提供便捷途径。附录对AIGC领域的专业术语展开详细解释，助力读者深入理解AIGC技术体系。

目 录 ◂◂ CONTENTS

第一章

AIGC基础概述

一、AIGC定义与范畴

（一）AIGC的定义

AIGC（Artificial Intelligence Generated Content）即人工智能生成内容，是一种利用人工智能技术如自然语言处理、计算机视觉、机器学习等，自动生成文本、图像、音频、视频等各种形式内容的技术范式。它基于大规模的数据训练和先进的机器学习算法，使计算机能够模仿人类的创造性思维过程，生成具有一定逻辑性和表现力的内容。在媒体领域，AIGC打破了传统内容创作的局限，内容生产过程更加高效、智能，极大地拓展了内容生产创造力的边界，为信息传播带来了全新的模式和机遇。

（二）AIGC能力范畴

1. 文本生成

新闻报道：AIGC可以根据预设的模板和数据输入，快速生成新闻稿件。例如，财经新闻可以依据实时的金融数据和市场动态生成报道，体育新闻可以根据比赛结果和赛事数据生成即时的赛况描述，大大提高了新闻生产的效率。

文案创作：包括广告文案、社交媒体文案等。它能根据目标受众的特征、产品特点等信息，创作吸引人的广告语和宣传文案。同时，在社交媒体平台上，AIGC可以生成有趣的推文、贴子等，助力品牌推广和用户互动。

故事创作：从简单的故事梗概到完整的小说创作，AIGC都能发挥作用。通过学习大量的文学作品，它可以生成情节丰富、人物形象鲜明的故事内容，为内容创作者提供灵感或直接成为一种新的创作形式。

2. 图像生成

创意海报：AIGC拥有海量的数据资源，能迅速生成多种风格和主题的设计思路。无论是复古风、现代简约风、科技感风还是梦幻童话风，它都可以在短时间内为设计师提供丰富的创意方向，不论是在创意启发上还是在设计排版上，都能给予快速调整和优化海报的能力。

插画与设计：对于插画师和平面设计师而言，AIGC可以根据指定的风格、主题和元素生成插画或设计草图。比如生成特定风格（如卡通、写实、抽象等）的角色形象、场景画面，帮助设计师快速获取创意方向，提高设计效率。

摄影后期处理：AIGC技术可以对摄影作品进行自动修复、增强和风格化处理。例如，去除图像中的噪点、优化色彩平衡、添加艺术滤镜效果等，使普通照片转化为具有独特视觉效果的作品，也可以根据需求生成特定风格的虚拟摄影作品。

图像优化：AIGC技术可以提升清晰度，包括像素补充、去除噪点和瑕疵，可进行色彩还原与上色，还能修复内容、完善缺失部分和重建扩展场景，这有利于对历史照片进行复原，助力历史研究与文化传承，为其提供优质图像资料和展示形式。

3. 音频生成

音乐创作：从旋律创作到整首乐曲的生成，AIGC可以融合多种音乐风格，创作出独特的音乐作品。它可以根据音乐类型（如古典、流行、摇滚等）、情感氛围（欢快、悲伤、激昂等）等维度的要求生成音乐片段，为音乐家和音乐制作人提供创作素材和灵感。

语音合成：能够生成自然流畅的语音，广泛应用于有声读物、语音导航、智能客服等领域。通过模拟人类的语音语调、发音方式，AIGC生成的语音可以准确传达文本内容，并且可以根据不同的应用场景和用户需求进行个性化定制。

4. 视频生成

视频脚本生成与视频片段生成：AIGC技术能根据给定的主题或关键词，快速生成视频脚本，创造故事情节，为视频创作提供基础框架，并依据脚本或文字描述，自动生成视频片段。比如对于“一场激烈的足球比赛”的描述，AIGC可以生成球员奔跑、传球、射门等动作的视频画面，并能根据需求调整视角、场景等。

视频风格与特效：AIGC技术可以将现有的视频素材转换为不同的艺术风格，如油画风格、素描风格、卡通风格等，为视频增添独特的视觉效果；也可以轻松地为视频添加各种特效，如光影特效、粒子特效、虚拟场景等。

视频剪辑与拼接：AIGC技术可以高效地对视频片段进行剪辑和拼接，自动去除不必要的部分，调整视频的节奏和时长，使视频更加流畅和紧凑。比如将多个拍摄的短视频片段快速整合成一个完整的视频产品。

多模态融合：AIGC技术能够将文本、图片、音频等多种模态的信息融合到视频中，创造出更加丰富多样的内容。例如，将文字新闻转换为配有图片、图表和解说音频的视频新闻。

动画制作：无论是二维动画还是三维动画，AIGC都可以参与其中。它可以生成动画角色的动作、表情，设计动画场景和情节，大大缩短动画制作的周期。同时，也可以根据特定的故事脚本生成完整的动画短片。

5. 策略生成

AIGC技术在策略生成方面展现了非凡的能力，以游戏策略为例，国产游戏《黑神话·悟空》爆火，新闻媒体报道该游戏时，可以通过AIGC辅助总结游戏的关卡设计、角色行为设计、玩家行为设计、剧情与任务设计，并且针对游戏的特点，生成各类通关策略。

6. 数字人

AIGC技术能够对用户输入的文字、语音、表情、动作等进行情感分析，通过模仿用户的声音、外貌、行为等特征，做出相应的回应，形成更为逼真的虚拟人形象并实现更真实的互动体验。

二、AIGC的发展历程与技术原理

（一）AIGC发展历程

1．早期探索阶段（20世纪50年代至90年代）

最早的AIGC可以追溯到“图灵测试”以及使用计算机创作简单音乐和创造人机对话机器人。

1950年，艾伦·麦席森·图灵（Alan Mathison Turing）提出了“图灵测试”（The Turing Test），为人工智能用于内容创造奠定了理论基础。

1957年，莱杰伦·希勒（Leiaren Hiller）和伦纳德·艾萨克森（Leonard lsaacson）完成了历史上第一首由计算机创作的音乐作品《依利亚克组曲》（*Illiac Suite*）。

1966年，约瑟夫·韦岑鲍姆（Joseph Weizenbaum）和肯尼斯·科尔比（Kenneth Colbv）共同开发了世界第一款可进行人机对话的机器人“伊莉莎”（Eliza）。

20世纪80年代中期，IBM创造了语音控制打字机“坦戈拉”（Tangora）。但这一时期，由于科技水平有限，AIGC仅限于小范围实验，且系统成本高昂，无法带来可观的商业变现。

2．技术沉淀与积累阶段（2000年初至2014年）

随着机器学习技术的发展，AIGC从实验性向实用性逐渐转变，深度学习算法、图形处理单元（GPU）、张量处理器（TPU）和训练数据规模等都取得了重大突破，特别是深度学习的兴起，使AIGC能够生成更为复杂的内容。这一时期，基于深度学习的文本生成和图像生成技术开始出现。

2007年，纽约大学人工智能研究员罗斯·古德温（Ross Goodwin）装配的人工智能系统通过对公路旅行中的所见所闻进行记录和感知，撰写出世界上第一部完全由人工智能创作的小说*1 The Road*。

2012年，微软公开展示了一个全自动同声传译系统，通过深度神经网络

（DNN）可以自动将英文演讲者的内容通过语音识别、语言翻译、语音合成等技术生成中文语音。

3．快速发展阶段（2014年以后）

随着深度学习模型不断迭代，AIGC取得突破性进展。尤其在2022年，算法获得井喷式发展，底层技术的突破也使AIGC商业落地成为可能。

2014年，Ian Goodfellow等人提出了生成对抗网络（Generative Adversarial Network，GAN），极大地推动了图像和视频生成技术的发展。同时，变分自编码器（VAEs）也在内容生成领域得到应用。

2017年，微软人工智能少女“小冰”（Avatar Framework）推出了人工智能创作的诗集。

2020年5月，OpenAI推出了GPT-3（Generative Pre-trained Transformer 3）。GPT-3是一个具有1750亿参数的自回归语言模型，它能够完成包括答题、翻译、写文章等多种任务，并且具备一定的数学计算能力。

2021年2月，OpenAI推出了CLIP（Contrastive Language-Image Pre-Training，对比语言-图像预训练）多模态预训练模型和基于Transformer（转换器）的语言模型DALL-E。它们可以通过文本，直接生成对应图像，堪称“图像版GPT-3”。

2022年，扩散模型Diffusion Model逐渐替代GAN，成为业界最有效的图像生成模型。

2024年10月，OpenAI推出了全新的简化一致性模型（Simplifying,Stabilizing and Scaling Continuous-Time Consistency Models,sCM），该模型以简化的连续时间一致性模型为基础，提供更高的训练稳定性和可扩展性，使高效实时生成式人工智能内容成为可能。

4．中国的发展阶段

在中国，AIGC技术也得到了迅速的发展。例如，百度、阿里巴巴、腾讯、字节跳动、快手等科技巨头，清华等高等院校和中国科学院等科研机构均在AIGC领域进行了深入研究和应用，推出了自己的AIGC产品和服务。

2023年3月，百度推出知识增强大语言模型“文心一言”，为中国较早的具有广泛影响力的大语言模型产品，开启了国内大模型发展的热潮。

2023年4月，阿里云推出超大规模的语言模型“通义千问”（2024年5月更名为“通义”），具备多轮对话、文案创作、逻辑推理、多模态理解、多语言支持等功能。

2023年9月，腾讯公司推出“混元”大模型，具有万亿参数规模，具备强大的中文创作能力、复杂语境下的逻辑推理能力，以及可靠的任务执行能力。

2024年4月，清华大学联合生数科技发布视频大模型“Vidu”。它是中国首个长时长、高一致性、高动态性的视频大模型，在多模态大模型领域具有重要突破。

2024年5月，字节跳动推出“豆包”大模型，支持128K长文本，全系列可精调，具备更强的理解、生成、逻辑等综合能力，适配问答、总结、创作、分类等丰富场景。

2024年6月，快手发布了“可灵”大模型。“可灵”大模型能够根据文本提示生成长达2分钟、帧率为30fps的高质量视频，支持1080p分辨率，并支持多种宽高比等功能。

2024年6月，中国科学院发布“紫东太初”全模态大模型。“紫东太初”大模型突破了认知增强的多模态关联等关键技术，具备全模态理解能力、生成能力和关联能力，面向数字经济时代加速通用人工智能的实现。

2024年12月，深度求索发布通用大模型DeepSeek-V3。该模型采用创新的MoE（混合专家稀疏模型）架构和FP8混合精度训练，训练成本仅为557.6万美元，性能超越多个开源及闭源模型，成为当时最优秀的开源AI模型之一。2025年1月20日，深度求索发布DeepSeek-R1模型。该模型基于DeepSeek-V3-Base训练，通过强化学习和知识蒸馏技术显著提升了推理能力，在数学、代码及复杂逻辑推理任务中表现出色，迅速引发全球AI领域的强烈反响。

（二）AIGC技术原理

AIGC技术的核心在于利用人工智能算法（机器学习技术和深度学习技术），分析和学习大量的数据，最终自动生成具有创造性、多样性和高质量的内容，其主要原理有以下几个关键方面。

1. 数据收集与预处理

（1）数据收集

AIGC的基础是海量的数据。对于文本相关的AIGC系统，数据来源涵盖了互联网上几乎所有类型的文本：社交媒体平台上的用户动态、新闻网站的报道、学术数据库的研究论文、文学作品网站的小说和诗歌等。这些数据形成了一个丰富多样的语言宝库，反映了人类语言在不同场景、主题和风格下的表达方式。

在图像生成领域，数据收集包括各种公开的图像数据集，如包含各种物体、场景、人物、动物等的图片集合。这些数据集有的是专门为图像识别和生成任务而创建的，有的则是从网络上大量的图片资源中筛选和整理而来。此外，对于一些特定领域的AIGC应用，如医学图像生成，还需要收集专业的医学影像数据。

（2）数据预处理

收集到的数据往往包含大量的“噪声”。对于文本数据，这可能包括网页中的广告代码、HTML标签、不规范的标点符号和多余的空格等。需要通过专门的算法和工具来去除这些干扰信息，使文本内容更加纯净，便于后续处理。在图像数据中，可能存在图像的损坏部分、拍摄过程中的噪点等，需要进行修复和去除。

文本数据需要进行编码，将字符或单词转化为计算机能够处理的“语言”，采用“词嵌入”等技术捕捉单词之间的语义关系。对于图像数据，需要将其转换为适合模型输入的表达形式。比如，彩色图像会被表示为三维张量（高度、宽度、颜色通道），每个像素点的颜色值经过归一化等处理，使其在一定的数值范围内，方便计算机进行计算与处理。

为了提高模型的运行效率，数据增强是一个重要步骤，采用的方法主要是增加数据集中的相关数据量。对于文本数据，可以通过同义词替换、随机插入、删除或交换单词等方式来生成新的文本样本；在图像数据中，常见的增强方法包括旋转、翻转、缩放、裁剪、添加噪声等。这些操作可以增加数据的多样性，使模型在训练过程中能够学习到更多模式。

2．模型架构与训练

AIGC模型的架构通常依赖深度学习的生成模型，典型的架构包括：生成对抗网络（GANs）、变分自编码器（VAEs）、自回归模型、扩散模型、多模态模型等。比如生成对抗网络（GANs），是一种由生成器（Generator）和判别器（Discriminator）两部分组成的模型，生成器负责“造假”，它从一团随机的“噪声”开始，逐步生成看起来像真实数据的东西，比如照片；判别器负责“打假”，它的任务是判断输入的数据到底是真实的还是生成器造出来的。两者就像“造假者”和“鉴定专家”在对抗：生成器不断改进自己，让判别器分不清真假；而判别器则努力提高自己的辨别能力。这种“斗争”让生成器生成的东西越来越逼真，比如可以生成看起来像真实照片的图像。

AIGC模型的架构和训练方法因任务不同而有所差异，但核心都基于深度学习技术。模型架构包括自回归模型、GANs、VAEs、扩散模型和多模态模型等；训练过程涉及数据准备、预训练、微调、损失函数设计和优化等环节。随着技术的发展，AIGC模型正变得更高效、更通用，并广泛应用于文本、图像、音频等的生成任务中。

3．内容生成与优化

（1）内容生成过程

当用户向AIGC系统输入指令或提示信息时，系统首先需要对其进行编码和特征提取。对于文本输入，如用户要求生成一篇关于未来科技发展趋势的文章，系统会将指令文本转换为向量表示，并提取其中的关键词、语义信息等特征。对于图像生成任务，输入的描述信息（如“一幅阳光明媚的海滩风景画”）也会被转化为相应的特征向量，这些特征向量包含了图像的主题、风格、色彩等方面的信息。

根据提取的输入特征，AIGC系统利用训练好的模型开始生成内容。在文本生成中，模型根据输入特征和已学习到的语言模式，逐字逐句地生成文本。每一步生成新的单词或字符时，都会考虑到前文的语义连贯性、语法正确性和整体的逻辑性。在图像生成中，模型根据输入的特征向量逐步生成图像的像素信息，从低分辨率到高分辨率，不断完善图像的细节，如物体的形状、颜色、纹理等。

在内容生成过程中，模型可能会根据生成的进度和中间结果进行动态调整。例如，在文本生成中，如果发现生成的内容偏离了主题或者出现了逻辑错误，模型可能会调整后续单词的选择概率。在图像生成中，如果生成的图像局部出现了不符合预期的特征，如颜色不协调或物体形状怪异，模型可以在后续的生成步骤中进行修正。

（2）生成内容优化

生成的文本可能存在一些问题，如语法错误、拼写错误、表达不够清晰等。后处理阶段会使用自然语言处理技术来对文本进行优化。例如，语法检查工具可以识别和纠正句子中的语法问题，拼写检查算法可以找出并修改错别字。此外，还可以通过文本摘要、改写等技术来进一步提高文本的质量和可读性，使其更符合用户的需求。

对于生成的图像，后处理可以包括颜色校正、对比度调整、锐化等操作。这些操作可以增强图像的视觉效果，使图像更加生动、清晰。例如，如果生成的图像颜色偏暗，可以通过调整亮度和对比度来改善图像的整体观感。此外，还可以根据特定的应用场景对图像进行裁剪、缩放等操作，以满足不同的展示要求。

三、AIGC与传统内容创作的区别

（一）创作主体与创作方式

传统内容创作：创作主体主要是凭借自身的知识储备、生活阅历、专业技能以及灵感进行创作。人类创作者包括作家、记者、画家、摄影师等专业人士。他们通过长时间的学习、观察、构思，运用文字、画笔、相机等工具，按照自己独特的风格和思路来产出内容，整个创作过程高度依赖人的主观能动性和创造性思维，是一种相对个体化、手工化的创作模式。

AIGC：创作主体是人工智能系统，它基于海量的数据进行学习和训练，进而依照预设的算法和模型生成内容。它并不具备和人类一样的主观意识、情感体验以及生活感悟，而是通过对数据中蕴含的语言模式、图像特征等规律的捕捉和运用来创作，创作过程更偏向于自动化、程序化，依据输入的指令或提示快速生成相应内容。

（二）创作效率与规模

传统内容创作：人类创作者的创作效率会受到诸多因素限制，比如个人精力、创作灵感的有无、对创作主题的熟悉程度等。创作一篇高质量的文章、绘制一幅精美的画作可能需要花费数小时、数天甚至数月时间，而且在单位时间内能够产出的内容数量相对有限，难以实现大规模、快速地输出内容。

AIGC：具备极高的创作效率，只要有相应的计算资源支持，并且模型训练成熟，就能在短时间内生成大量的内容。例如，输入一个主题，瞬间便可生成多篇不同角度的文章，或者按照要求快速生成一批风格各异的图像，在应对大规模内容需求时优势明显，能够极大地提升内容产出的速度，扩大内容产出的规模。

（三）创作风格与创新

传统内容创作：人类创作者往往有鲜明的个人风格，这种风格是在长期的创作实践、生活积累以及审美塑造中逐渐形成的，而且能够不断推陈出新，通过融合新的元素、理念来实现创新，为受众带来独具匠心、充满个性的内容，每一件作品都可能蕴含着深刻的人文内涵和创作者独特的情感表达。

AIGC：虽然可以模仿不同的风格进行创作，但其风格大多是对已有数据中各类风格特征的学习和复现，缺乏真正内在的、基于主观情感和独特生活感悟的创新动力。生成的内容往往是对已有模式的组合与延伸，较难像人类创作者那样创造出完全超脱既有框架、极具开创性的内容。

（四）内容质量与深度

传统内容创作：人类创作者在创作时会深入思考主题，融入自己的见解、价值观以及专业知识，精心雕琢内容，使作品在质量和深度上更有保障，能够深入挖掘主题背后的意义，传递复杂的思想和细腻的情感，给读者、观众带来深刻的启发和触动。

AIGC：生成的内容质量和深度参差不齐，部分内容可能只是表面化的呈现，缺乏深入的逻辑思考和情感内涵。尤其是对于一些需要深度专业知识、人文素养和批判性思维的主题，往往难以达到人类创作者所产出内容的高度，不过随着技术的发展，其在某些领域也在不断提升质量，增加深度。

（五）版权与原创性

传统内容创作：创作者对自己创作的作品拥有明确的版权，作品是其独立思考、创作的成果，原创性能够得到较好的保障，且有相应的法律法规来维护创作者的权益，他人若要使用需经过授权并遵循版权规定。

AIGC：其生成内容的版权归属目前还存在一定争议，因为它是基于学习大量已有的数据来创作的，很难界定其原创性程度，在使用、传播过程中也容易引发版权纠纷，需要通过进一步完善相关的法律和规范来明确其版权归属及使用规则。

第二章

国内主流大模型介绍与生产实践

一、深度求索——DeepSeek

DeepSeek大模型是由中国深度求索（DeepSeek）公司开发的一款先进人工智能模型，专注于通用人工智能（AGI）的研究与应用。该模型基于Transformer架构，通过大规模预训练获得强大的语言理解和生成能力，在自然语言处理、多模态理解等任务中表现优异。

DeepSeek大模型的训练数据涵盖互联网文本、书籍、论文等多种来源，能够确保其具备广泛的知识覆盖和上下文理解能力。训练过程中，DeepSeek团队采用了分布式计算和高效优化算法，以提升训练效率并降低资源消耗。模型的预训练阶段通过自监督学习从海量数据中提取通用特征，使模型能够适应多种下游任务。

为了提升模型的实用性和部署效率，DeepSeek采用了模型蒸馏与压缩技术。模型蒸馏即通过将大模型（教师模型）的知识迁移到更小的模型（学生模型）中，使小模型在保持高性能的同时显著减少参数量和计算需求。具体方法包括使用教师模型生成的软标签作为监督信号，指导学生模型的训练过程。

此外，DeepSeek还应用了量化、剪枝等模型压缩技术。量化即通过降低模型参数的精度（如将32位浮点数转换为8位整数），减少存储和计算开销；剪枝则是通过移除对模型输出影响较小的参数或神经元，进一步压缩模型规模。这些技术使DeepSeek大模型能够在资源受限的设备上高效运行，同时保持较高的性能。

通过模型蒸馏与压缩，DeepSeek在性能与效率之间取得了平衡，为实际应用提供了强大的技术支持，适用于多种场景，如智能客服、内容生成和多模态交互等。

DeepSeek

扫码查看DeepSeek

DeepSeek网站二维码

（一）特点与优势

强大的通用性与高性能：DeepSeek的核心架构基于Transformer，通过大规模预训练获得强大的语言理解和生成能力，支持文本、图像、音频等多模态数据处理。在多个公开评测基准（如GLUE、SuperCLUE等）中DeepSeek表现优异，能够高效完成文本生成、翻译、问答、摘要等多种任务，满足复杂场景需求。

高效的训练与推理优化：DeepSeek采用分布式训练、模型蒸馏、量化和剪枝等技术，显著降低计算资源消耗，同时保持高性能。DeepSeek训练效率高，推理速度快，支持低延迟、高吞吐量的部署需求，适合在资源受限的设备上运行。

广泛的应用场景：DeepSeek支持智能客服、内容生成、教育辅助、代码生成、多模态交互等多种应用场景。它具有高度的通用性和灵活性，能够快速适配不同行业和业务需求，提供定制化解决方案。

开源开放与生态支持：DeepSeek开源了部分模型权重、训练代码、推理框架及工具，推动技术共享与社区协作。这一做法降低了技术使用门槛，提供了丰富的开发资源和技术支持，能够助力开发者快速实现创新与应用。

可扩展性与灵活性：DeepSeek的设计具有良好的可扩展性，支持不同规模的模型版本（如小型、中型、大型），以满足不同应用场景的需求。此外，模型还支持动态调整，可以根据任务复杂度灵活配置。

（二）应用场景

1. 智能客服与对话系统

可实现多轮对话管理、意图识别与槽位填充、情感分析以及多语言支持，广泛应用于电商客服、银行咨询、技术支持等领域。

2. 内容生成与创作

支持文本续写与补全、创意写作、新闻写作以及个性化内容生成，适用于媒体行业、广告营销、文学创作等场景。

3．机器翻译与多语言处理

具备高准确率翻译、领域自适应和实时翻译能力，满足跨国企业沟通、跨境电商、国际会议等的多语言需求。

4．文本摘要与信息提取

自动生成文本摘要、提取关键信息并实现文档结构化，适用于法律文档分析、学术论文摘要、企业报告处理等任务。

5．个性化推荐与用户分析

通过构建用户画像来提供内容推荐并预测用户行为，广泛应用于电商推荐、视频平台推荐、新闻推送等场景。

6．知识问答与搜索引擎优化

支持开放域问答、精准答案提取和搜索引擎增强，适用于智能助手、企业知识库和搜索引擎优化等领域。

7．代码生成与编程辅助

提供代码补全、代码注释生成和错误检测与修复功能，助力软件开发、编程教育和自动化代码审查。

8．医疗与法律领域的专业应用

分析医疗文本、处理法律文档并理解专业术语，应用于医疗诊断辅助、法律咨询、合同审查等专业场景。

9．教育领域的应用

支持智能辅导、作文批改和知识问答，广泛应用于在线教育平台、智能辅导系统和学术研究辅助。

10．情感分析与舆情监控

进行情感分类、舆情监控和情感生成，适用于品牌声誉管理、舆情分析和市场调研等场景。

（三）实际应用案例

我们使用DeepSeek来进行热点选题策划，以对国产电影《哪吒之魔童闹海》（又称《哪吒2》）做策划报道为例，看看如何操作。

首先，打开DeepSeek的官方网站，网址为https://chat.deepseek.com/。输入手机号码和验证码，登录系统。

DeepSeek网站登录界面

第一步，明确报道的主题和方向，在网页下方输入框输入以下提示词：

> 机构媒体的小编，需对国产电影《哪吒2》进行策划报道，这部电影上映不久，取得了票房和口碑双丰收，策划报道从哪个角度入手比较好？请给我提供报道的主题和方向。

经过短短几秒时间，DeepSeek返回了四个报告方向的建议，如下图所示。

国产电脑《哪吒2》策划报道方向建议：

一、票房口碑双丰收，现象级动画电影再创辉煌

- **主题方向：**
  - 聚焦《哪吒2》票房成绩，分析其成功因素，探讨国产动画电影市场潜力。
  - 对比《哪吒1》和《哪吒2》的票房、口碑、制作等方面的进步，展现国产动画电影的成长。
  - 采访主创团队，揭秘《哪吒2》创作背后的故事，展现中国动画人的匠心精神。
- **报道形式：**
  - 数据新闻：用图表、数据可视化等形式展现《哪吒2》的票房成绩、市场表现等。
  - 深度报道：采访业内人士、影评人、观众等，多角度解读《哪吒2》的成功。
  - 专题报道：回顾《哪吒1》到《哪吒2》的历程，展现国产动画电影的崛起之路。

二、传统文化与现代科技融合，打造东方美学新高度

- **主题方向：**
  - 分析《哪吒2》在角色设计、场景构建、特效制作等方面对中国传统文化的创新演绎。
  - 探讨《哪吒2》如何运用现代科技手段，打造震撼的视听效果，提升观众的观影体验。
  - 采访美术设计、特效团队等，揭秘《哪吒2》幕后制作过程，展现中国动画工业水平的提升。
- **报道形式：**
  - 图文报道：展示《哪吒2》精美画面、角色设计图等，配以文字解读其文化内涵。
  - 视频报道：制作《哪吒2》幕后制作特辑，展现动画制作流程和技术细节。
  - 评论文章：邀请专家学者、影评人等，从文化、美学等角度解读《哪吒2》。

三、哪吒精神引发共鸣，传递积极向上价值观

- **主题方向：**
  - 分析《哪吒2》中哪吒的成长历程，探讨其反抗命运、勇于担当的精神内涵。
  - 结合当下社会热点，探讨《哪吒2》传递的亲情、友情、责任等价值观的现实意义。
  - 采访观众、青少年群体等，了解他们对《哪吒2》的观后感，以及影片带来的积极影响。
- **报道形式：**
  - 分析《哪吒2》中哪吒的成长历程，探讨其反抗命运、勇于担当的精神内涵。
  - 结合当下社会热点，探讨《哪吒2》传递的亲情、友情、责任等价值观的现实意义。
  - 采访观众、青少年群体等，了解他们对《哪吒2》的观后感，以及影片带来的积极影响。
- **报道形式：**
  - 人物专访：采访《哪吒2》主创团队，分享创作初衷和价值观表达。
  - 观众访谈：采访不同年龄、职业的观众，分享他们的观影感受和心得体会。
  - 评论文章：从心理学、社会学等角度，分析《哪吒2》引发观众共鸣的原因。

四、国产动画电影未来可期，探索更多可能性

- **主题方向：**
  - 以《哪吒2》为例，探讨国产动画电影在题材、风格、技术等方面的多元化发展。
  - 分析国产动画电影面临的机遇和挑战，展望未来发展前景。
  - 采访动画行业专家、投资人等，探讨如何推动国产动画电影产业健康发展。
- **报道形式：**
  - 行业观察：分析国产动画电影市场现状、发展趋势等。
  - 专家访谈：邀请业内人士分享对国产动画电影未来发展的看法和建议。
  - 专题报道：盘点近年来优秀的国产动画电影，展现国产动画电影的多元化发展。

建议：

- 以上方向仅供参考，可根据实际情况选择合适的角度进行报道。
- 报道过程中要注意平衡商业性和艺术性，避免过度吹捧或贬低。
- 可以结合热点事件、社会话题等，提升报道的传播力和影响力。

希望以上建议对您有所帮助！

可以看出，每条建议都非常具体，除了策划报道的标题外，还有主题方向和报道形式。

第二步，我们追问DeepSeek，规划报道结构与内容，使用以下提示词：

使用第三点建议，规划具体的报告结构和内容。

DeepSeek提供了完整的报道结构、内容方向以及报道形式，文案内容完整，基本上符合我们的预期，如下图所示。

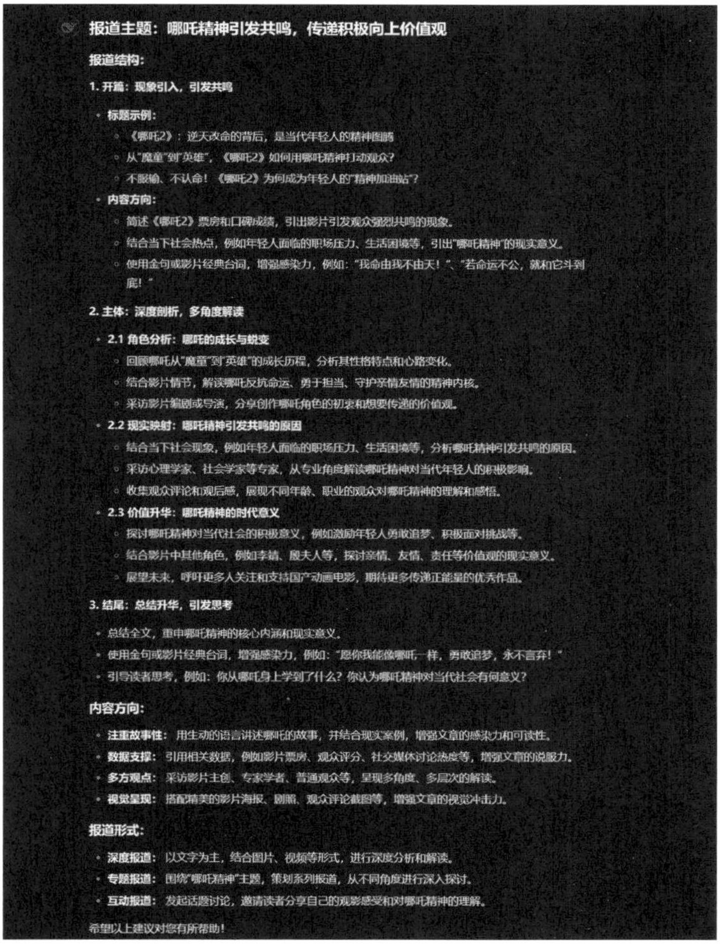

报道主题：哪吒精神引发共鸣，传递积极向上价值观

报道结构：

1. 开篇：现象引入，引发共鸣

- **标题示例：**
  - 《哪吒2》：逆天改命的背后，是当代年轻人的精神图腾
  - 从"魔童"到"英雄"，《哪吒2》如何用哪吒精神打动观众？
  - 不服输、不认命！《哪吒2》为何成为年轻人的"精神加油站"？
- **内容方向：**
  - 简述《哪吒2》票房和口碑成绩，引出影片引发观众强烈共鸣的现象。
  - 结合当下社会热点，例如年轻人面临的职场压力、生活困境等，引出"哪吒精神"的现实意义。
  - 使用金句或影片经典台词，增强感染力，例如："我命由我不由天！"、"若命运不公，就和它斗到底！"

2. 主体：深度剖析，多角度解读

- **2.1 角色分析：哪吒的成长与蜕变**
  - 回顾哪吒从"魔童"到"英雄"的成长历程，分析其性格特点和心路变化。
  - 结合影片情节，解读哪吒反抗命运、勇于担当、守护亲情友情的精神内核。
  - 采访影片编剧或导演，分享创作哪吒角色的初衷和想要传递的价值观。
- **2.2 现实映射：哪吒精神引发共鸣的原因**
  - 结合当下社会现象，例如年轻人面临的职场压力、生活困境等，分析哪吒精神引发共鸣的原因。
  - 采访心理学家、社会学家等专家，从专业角度解读哪吒精神对当代年轻人的积极影响。
  - 收集观众评论和观后感，展现不同年龄、职业的观众对哪吒精神的理解和感悟。
- **2.3 价值升华：哪吒精神的时代意义**
  - 探讨哪吒精神对当代社会的积极意义，例如激励年轻人勇敢追梦、积极面对挑战等。
  - 结合影片中其他角色，例如李靖、殷夫人等，探讨亲情、友情、责任等价值观的现实意义。
  - 展望未来，呼吁更多人关注和支持国产动画电影，期待更多传递正能量的优秀作品。

3. 结尾：总结升华，引发思考

- 总结全文，重申哪吒精神的核心内涵和现实意义。
- 使用金句或影片经典台词，增强感染力，例如："愿你我能像哪吒一样，勇敢追梦，永不言弃！"
- 引导读者思考，例如：你从哪吒身上学到了什么？你认为哪吒精神对当代社会有何意义？

内容方向：

- **注重故事性：** 用生动的语言讲述哪吒的故事，并结合现实案例，增强文章的感染力和可读性。
- **数据支撑：** 引用相关数据，例如影片票房、观众评分、社交媒体讨论热度等，增强文章的说服力。
- **多方观点：** 采访影片主创、专家学者、普通观众等，呈现多角度、多层次的解读。
- **视觉呈现：** 搭配精美的影片海报、剧照、观众评论截图等，增强文章的视觉冲击力。

报道形式：

- **深度报道：** 以文字为主，结合图片、视频等形式，进行深度分析和解读。
- **专题报道：** 围绕"哪吒精神"主题，策划系列报道，从不同角度进行深入探讨。
- **互动报道：** 发起话题讨论，邀请读者分享自己的观影感受和对哪吒精神的理解。

希望以上建议对您有所帮助！

第三步，我们通过选择相应的标题，让DeepSeek给我们制作海报，由于目前DeepSeek官方不支持直接生成图片，我们让它返回海报设计的提示词。

输入以下提示词：

以《不服输、不认命！〈哪吒2〉为何成为年轻人的“精神加油站”？》为标题，制作一张报道的海报，请给我相应的提示词。

DeepSeek给出了如下图所示的设计提示词：

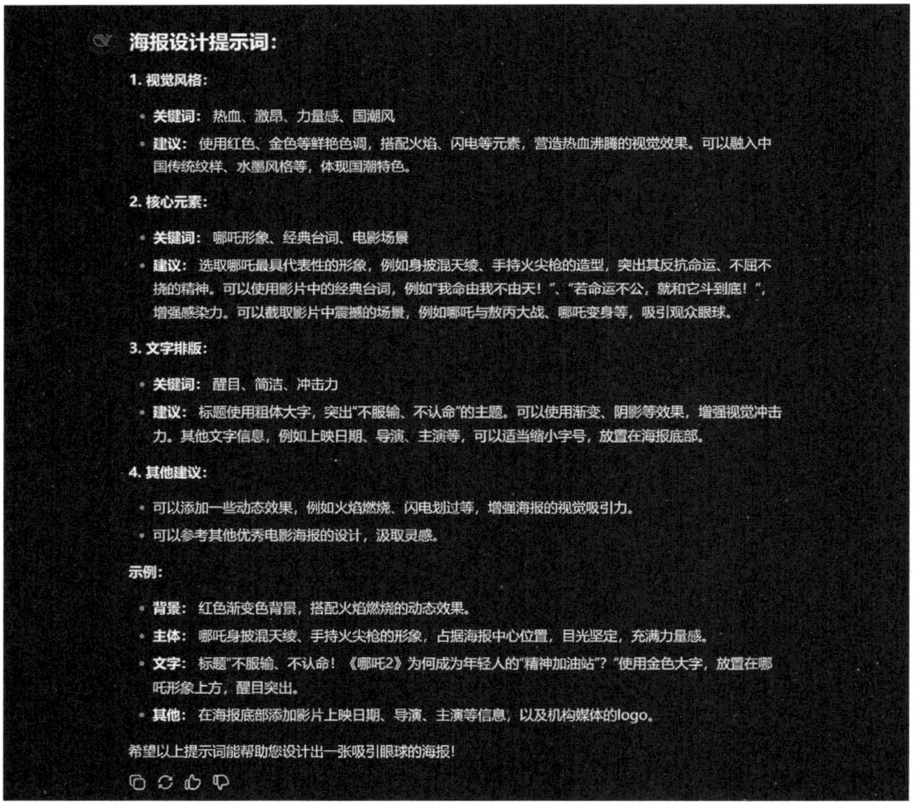

海报设计提示词：

1. 视觉风格：

- 关键词：热血、激昂、力量感、国潮风
- 建议：使用红色、金色等鲜艳色调，搭配火焰、闪电等元素，营造热血沸腾的视觉效果。可以融入中国传统纹样、水墨风格等，体现国潮特色。

2. 核心元素：

- 关键词：哪吒形象、经典台词、电影场景
- 建议：选取哪吒最具代表性的形象，例如身披混天绫、手持火尖枪的造型，突出其反抗命运、不屈不挠的精神。可以使用影片中的经典台词，例如"我命由我不由天！"、"若命运不公，就和它斗到底！"，增强感染力。可以截取影片中震撼的场景，例如哪吒与敖丙大战、哪吒变身等，吸引观众眼球。

3. 文字排版：

- 关键词：醒目、简洁、冲击力
- 建议：标题使用粗体大字，突出"不服输、不认命"的主题。可以使用渐变、阴影等效果，增强视觉冲击力。其他文字信息，例如上映日期、导演、主演等，可以适当缩小字号，放置在海报底部。

4. 其他建议：

- 可以添加一些动态效果，例如火焰燃烧、闪电划过等，增强海报的视觉吸引力。
- 可以参考其他优秀电影海报的设计，汲取灵感。

示例：

- 背景：红色渐变色背景，搭配火焰燃烧的动态效果。
- 主体：哪吒身披混天绫、手持火尖枪的形象，占据海报中心位置，目光坚定，充满力量感。
- 文字：标题"不服输、不认命！《哪吒2》为何成为年轻人的"精神加油站"？"使用金色大字，放置在哪吒形象上方，醒目突出。
- 其他：在海报底部添加影片上映日期、导演、主演等信息，以及机构媒体的logo。

希望以上提示词能帮助您设计出一张吸引眼球的海报！

有了海报设计的提示词后，我们将提示词复制到具备文生图能力的AI平台（如腾讯混元），调整其尺寸、分辨率等参数，便可生成相应的海报。本

章节对此不过多介绍。

第四步，进行报道效果评估和后续跟进，我们输入以下提示词：

报道完成后，可以从哪些方面评估报告效果？后续跟进可以做些什么？

如下图所示，DeepSeek给出了十分详细的建议。

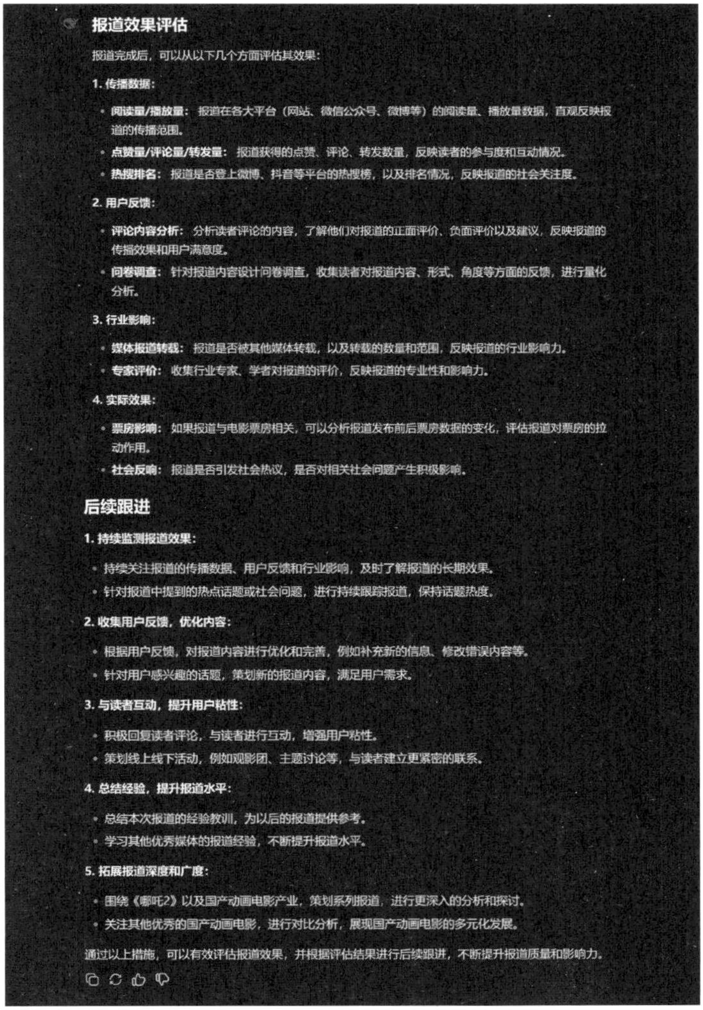

报道效果评估

报道完成后，可以从以下几个方面评估其效果：

1. 传播数据：

- **阅读量/播放量：** 报道在各大平台（网站、微信公众号、微博等）的阅读量、播放量数据，直观反映报道的传播范围。
- **点赞量/评论量/转发量：** 报道获得的点赞、评论、转发数量，反映读者的参与度和互动情况。
- **热搜排名：** 报道是否登上微博、抖音等平台的热搜榜，以及排名情况，反映报道的社会关注度。

2. 用户反馈：

- **评论内容分析：** 分析读者评论的内容，了解他们对报道的正面评价、负面评价以及建议，反映报道的传播效果和用户满意度。
- **问卷调查：** 针对报道内容设计问卷调查，收集读者对报道内容、形式、角度等方面的反馈，进行量化分析。

3. 行业影响：

- **媒体报道转载：** 报道是否被其他媒体转载，以及转载的数量和范围，反映报道的行业影响力。
- **专家评价：** 收集行业专家、学者对报道的评价，反映报道的专业性和影响力。

4. 实际效果：

- **票房影响：** 如果报道与电影票房相关，可以分析报道发布前后票房数据的变化，评估报道对票房的拉动作用。
- **社会反响：** 报道是否引发社会热议，是否对相关社会问题产生积极影响。

后续跟进

1. 持续监测报道效果：

- 持续关注报道的传播数据、用户反馈和行业影响，及时了解报道的长期效果。
- 针对报道中提到的热点话题或社会问题，进行持续跟踪报道，保持话题热度。

2. 收集用户反馈，优化内容：

- 根据用户反馈，对报道内容进行优化和完善，例如补充新的信息、修改错误内容等。
- 针对用户感兴趣的话题，策划新的报道内容，满足用户需求。

3. 与读者互动，提升用户粘性：

- 积极回复读者评论，与读者进行互动，增强用户粘性。
- 策划线上线下活动，例如观影团、主题讨论等，与读者建立更紧密的联系。

4. 总结经验，提升报道水平：

- 总结本次报道的经验教训，为以后的报道提供参考。
- 学习其他优秀媒体的报道经验，不断提升报道水平。

5. 拓展报道深度和广度：

- 围绕《哪吒2》以及国产动画电影产业，策划系列报道，进行更深入的分析和探讨。
- 关注其他优秀的国产动画电影，进行对比分析，展现国产动画电影的多元化发展。

通过以上措施，可以有效评估报道效果，并根据评估结果进行后续跟进，不断提升报道质量和影响力。

经过上面4轮对话，DeepSeek完成了对国产电影《哪吒2》的策划报道，效果超乎预期，令人赞叹不已。

接下来，我们再通过一个小案例，看看DeepSeek的能耐。

我们通过DeepSeek的深度思考（R1），设计一个针对AI创意创作视频比赛的评分算法。

输入以下提示词：

> 请设计一套关于AI创意创作视频的比赛评分的算法。

如下图所示，选中消息框左下方的“深度思考（R1）”按钮，几秒钟后，DeepSeek显示深度思考过程，并给出了回答。

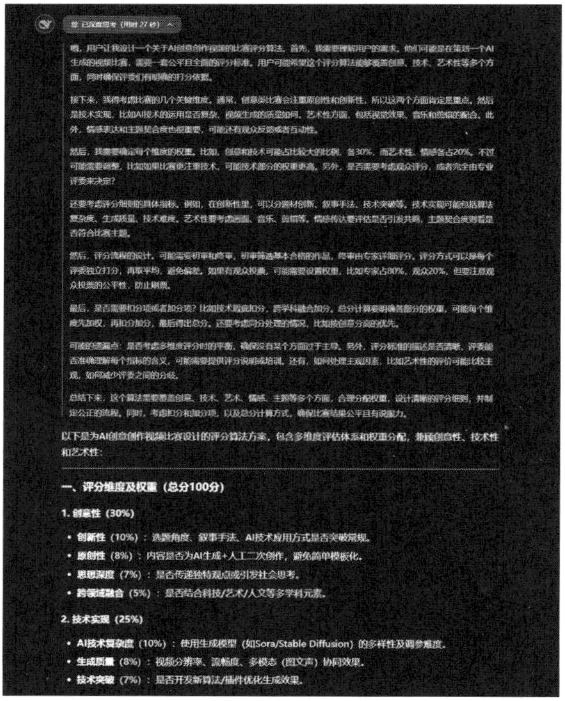

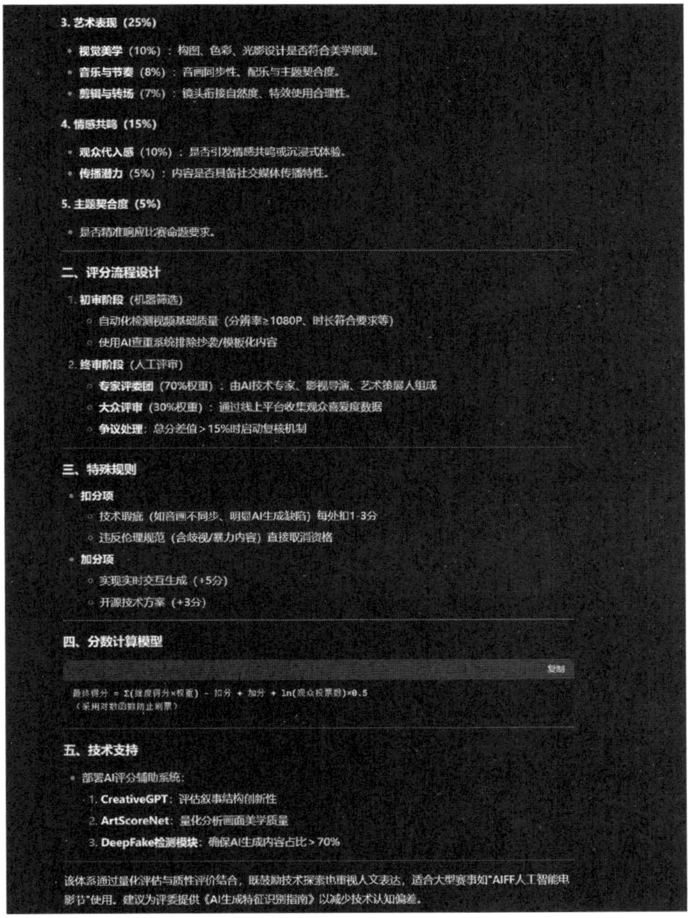

3. 艺术表现（25%）

- **视觉美学**（10%）：构图、色彩、光影设计是否符合美学原则。
- **音乐与节奏**（8%）：音画同步性、配乐与主题契合度。
- **剪辑与转场**（7%）：镜头衔接自然度、特效使用合理性。

4. 情感共鸣（15%）

- **观众代入感**（10%）：是否引发情感共鸣或沉浸式体验。
- **传播潜力**（5%）：内容是否具备社交媒体传播特性。

5. 主题契合度（5%）

- 是否精准响应比赛命题要求。

二、评分流程设计

1. **初审阶段**（机器筛选）
   - 自动化检测视频基础质量（分辨率≥1080P、时长符合要求等）
   - 使用AI查重系统排除抄袭/模板化内容
2. **终审阶段**（人工评审）
   - **专家评委团**（70%权重）：由AI技术专家、影视导演、艺术策展人组成
   - **大众评审**（30%权重）：通过线上平台收集观众喜爱度数据
   - **争议处理**：总分差值＞15%时启动复核机制

三、特殊规则

- **扣分项**
  - 技术瑕疵（如音画不同步、明显AI生成缺陷）每处扣1-3分
  - 违反伦理规范（含歧视/暴力内容）直接取消资格
- **加分项**
  - 实现实时交互生成（+5分）
  - 开源技术方案（+3分）

四、分数计算模型

复制

```
最终得分 = Σ(维度得分×权重) - 扣分 + 加分 + ln(观众投票数)×0.5
（采用对数函数防止刷票）
```

五、技术支持

- 部署AI评分辅助系统：
  1. **CreativeGPT**：评估叙事结构创新性
  2. **ArtScoreNet**：量化分析画面美学质量
  3. **DeepFake检测模块**：确保AI生成内容占比＞70%

该体系通过量化评估与质性评价结合，既鼓励技术探索也重视人文表达，适合大型赛事如"AIFF人工智能电影节"使用。建议为评委提供《AI生成特征识别指南》以减少技术认知偏差。

在评分算法中，DeepSeek提出了一个很好的建议，为减少技术认知的偏差，建议为评委提供《AI生成特征识别指南》。我们让DeepSeek提供即可。

由于此次提问不涉及深度思考，我们取消“深度思考（R1）”的按钮。输入以下提示词：

> 请提供简要的《AI生成特征识别指南》。

DeepSeek的回答如下图所示。

以下是一份简要的《AI生成特征识别指南》，旨在帮助评委快速识别AI生成内容的特征，避免评分偏差，同时确保比赛公平性：

AI生成特征识别指南

一、视觉特征

1. **细节异常**
   - **面部/手部**：AI生成的人物可能出现手指数量异常、面部不对称或表情僵硬。
   - **纹理重复**：背景或物体表面可能出现重复纹理或不自然的细节（如树叶、砖墙）。
   - **光影不协调**：光源方向与阴影位置不一致，或高光/阴影过渡不自然。
2. **构图与透视**
   - **透视错误**：建筑物或物体的透视关系可能不符合物理规律。
   - **边界模糊**：物体边缘可能出现模糊或融合现象，尤其是前景与背景交界处。
3. **动态效果**
   - **运动不连贯**：视频中的人物或物体运动可能缺乏流畅性，出现卡顿或跳跃。
   - **物理规律不符**：如水流、火焰等自然现象的运动轨迹可能不符合现实规律。

二、音频特征

1. **语音生成**
   - **语调单一**：AI生成的语音可能缺乏情感起伏，语调过于机械。
   - **发音错误**：某些单词或音节可能出现发音不准确或重复。
   - **背景噪音**：语音可能伴随不自然的背景噪音或回声。
2. **音乐生成**
   - **旋律重复**：AI生成的音乐可能出现旋律片段重复或缺乏变化。
   - **和声不协调**：和弦进行可能不符合音乐理论规律，听起来不和谐。

三、文本特征

1. **语言风格**
   - **过于正式或机械**：AI生成的文本可能缺乏个性化表达，语言风格过于统一。
   - **逻辑跳跃**：段落之间可能出现逻辑不连贯或主题偏离。
2. **内容重复**
   - **关键词重复**：AI可能过度使用某些关键词或短语。
   - **信息冗余**：文本中可能出现重复表达或无意义的填充内容。

四、多模态协同特征

1. **音画不同步**
   - 语音与口型不匹配，或字幕与语音内容不一致。
2. **情感表达割裂**
   - 画面、语音和文本表达的情感可能不一致，缺乏整体协调性。

五、工具辅助识别

1. **AI检测工具**
   - 使用AI生成内容检测工具（如Deepware、SensityAI）辅助判断。
   - 检查视频元数据，查看是否使用AI生成工具（如Sora、RunwayML）。
2. **人工复核**
   - 对疑似AI生成的内容进行逐帧分析，重点关注细节和动态效果。
   - 结合创作者提交的技术说明，验证AI生成比例和技术实现方式。

六、注意事项

- **避免偏见**：AI生成内容并非低质量代名词，评委应关注创意和技术实现，而非过度聚焦生成痕迹。
- **鼓励创新**：对利用AI生成特性进行艺术表达的作品，应给予额外关注和鼓励。

通过本指南，评委可以更高效地识别AI生成内容，同时确保评分过程公平、客观。建议在比赛前对评委进行培训，熟悉常见AI生成特征及检测工具的使用。

DeepSeek的回答展现了其强大的能力，给出的建议清晰且具有实用性。最后我们来看看它会怎么建议媒体人抓住DeepSeek带来的这波红利。

此次提问同时采用联网搜索和深度思考两种策略。如下图所示，我们选中“深度思考（R1）”和“联网搜索”，并输入提示词。

媒体人如何抓住DeepSeek带来的红利？

在搜索了45个网页并进行了深度思考之后，DeepSeek给出了下图所示的回答。

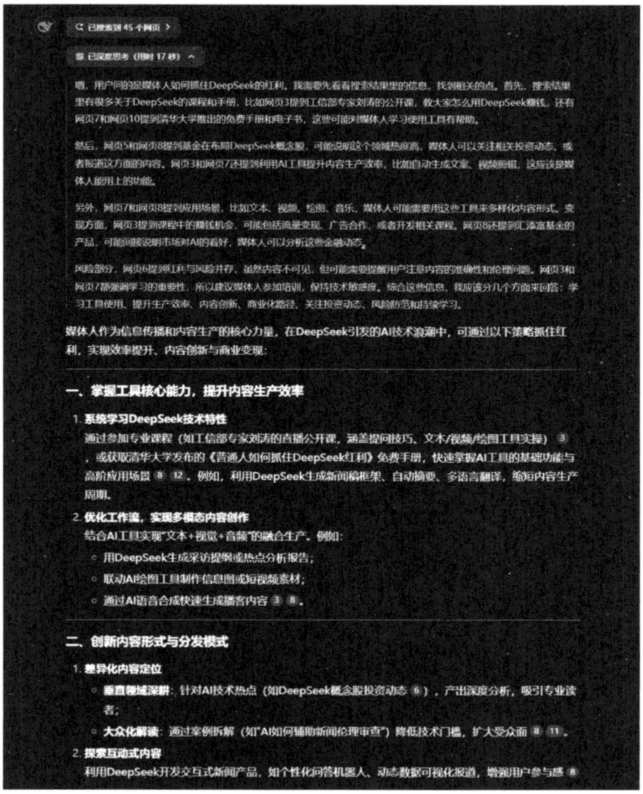
已搜索到 45 个网页

已深度思考（用时 17 秒）

嗯，用户问的是媒体人如何抓住DeepSeek的红利。我需要先看看搜索结果里的信息，找到相关的点。首先，搜索结果里有很多关于DeepSeek的课程和手册，比如网页3提到工信部专家刘涛的公开课，教大家怎么用DeepSeek赚钱，还有网页7和网页10提到清华大学推出的免费手册和电子书，这些可能对媒体人学习使用工具有帮助。

然后，网页5和网页8提到基金在布局DeepSeek概念股，可能说明这个领域热度高，媒体人可以关注相关投资动态，或者报道这方面的内容。网页3和网页7还提到利用AI工具提升内容生产效率，比如自动生成文案、视频剪辑，这应该是媒体人能用上的功能。

另外，网页7和网页8提到应用场景，比如文本、视频、绘图、音乐，媒体人可能需要用这些工具来多样化内容形式。变现方面，网页3提到课程中的赚钱机会，可能包括流量变现、广告合作，或者开发相关课程。网页8还提到汇添富基金的产品，可能间接说明市场对AI的看好，媒体人可以分析这些金融动态。

风险部分，网页6提到红利与风险并存，虽然内容不可见，但可能需要提醒用户注意内容的准确性和伦理问题。网页3和网页7都强调学习的重要性，所以建议媒体人参加培训，保持技术敏感度。综合这些信息，我应该分几个方面来回答：学习工具使用、提升生产效率、内容创新、商业化路径、关注投资动态、风险防范和持续学习。

媒体人作为信息传播和内容生产的核心力量，在DeepSeek引发的AI技术浪潮中，可通过以下策略抓住红利，实现效率提升、内容创新与商业变现：

一、掌握工具核心能力，提升内容生产效率

1. **系统学习DeepSeek技术特性**
   通过参加专业课程（如工信部专家刘涛的直播公开课，涵盖提问技巧、文本/视频/绘图工具实操）[3]，或获取清华大学发布的《普通人如何抓住DeepSeek红利》免费手册，快速掌握AI工具的基础功能与高阶应用场景[8][12]。例如，利用DeepSeek生成新闻稿框架、自动摘要、多语言翻译，缩短内容生产周期。
2. **优化工作流，实现多模态内容创作**
   结合AI工具实现“文本+视觉+音频”的融合生产。例如：
   - 用DeepSeek生成采访提纲或热点分析报告；
   - 联动AI绘图工具制作信息图或短视频素材；
   - 通过AI语音合成快速生成播客内容[3][8]。

二、创新内容形式与分发模式

1. **差异化内容定位**
   - **垂直领域深耕**：针对AI技术热点（如DeepSeek概念股投资动态[6]），产出深度分析，吸引专业读者；
   - **大众化解读**：通过案例拆解（如“AI如何辅助新闻伦理审查”）降低技术门槛，扩大受众面[8][11]。
2. **探索互动式内容**
   利用DeepSeek开发交互式新闻产品，如个性化问答机器人、动态数据可视化报道，增强用户参与感[8]

三、商业化路径：流量变现与资源整合

1. **流量与广告合作**
   - 通过AI生成的高效内容扩大账号矩阵，吸引品牌合作；
   - 结合热点（如DeepSeek概念股行情 [6] [9]）推出付费专栏或直播课程，直接变现 [3]。
2. **资源整合与IP打造**
   - 联合技术专家或机构（如清华大学、汇添富基金团队 [8] [9]）推出联名内容，提升权威性；
   - 开发AI辅助的媒体工具包（如"一键生成行业白皮书"），形成技术壁垒 [8] [11]。

四、关注技术与资本动态，捕捉行业趋势

1. **追踪投资热点**
   关注基金布局动向（如汇添富"固收+"产品对AI赛道的侧重 [9]），分析DeepSeek技术对传媒、金融等领域的影响，产出前瞻性报道。
2. **政策与伦理研究**
   结合AI监管趋势（如AIGC版权争议），推出行业规范解读内容，抢占舆论高地 [7] [11]。

五、风险防范与长期竞争力构建

1. **内容真实性把控**
   建立AI生成内容的审核机制，避免虚假信息传播，维护媒体公信力 [7] [11]。
2. **持续技术迭代**
   定期参与行业培训（如三节课的实战课程 [3]），跟进DeepSeek功能更新，保持技术敏感度。

总结

媒体人需以"技术工具+内容创新+商业嗅觉"为核心，将DeepSeek从效率助手转化为竞争力引擎。短期可通过课程学习与工具实践快速入门，中长期需结合行业趋势优化商业模式，同时平衡技术红利与伦理风险。

小结

DeepSeek在策划报道《哪吒2》和设计创意创作比赛评选算法中展现了强大的能力和灵活性。通过分析影片主题、情节发展和视觉元素，DeepSeek生成了一份全面深入的报告，辅助新闻报道工作高效完成。在创意比赛评分算法中，它以深度思考的方式，呈现了一个完整的思考推理过程，考虑比赛的几个关键维度及其权重、具体指标，并且考虑扣分和加分项、总分计算方式，确保比赛结果公平且有说服力。最后在回答“媒体人如何抓住DeepSeek带来的红利”时，它通过联网搜索和深度思考，给出了五个策略，指导媒体人抓住红利，实现效能提升。总体而言，DeepSeek在项目中的贡献令人满意，效果超乎预期。

更多小技巧

DeepSeek开源了不同尺寸的模型，其中DeepSeek-R1和DeepSeek-V3有以下几方面的区别：

模型	模型架构	应用场景	性能特点	技术特点
DeepSeek-R1	基于GPT-3，大量使用Transformer结构，适合文本交互和广泛知识任务。	适用于需要长时间对话和复杂问题解决的场景，如学术讨论、技术支持等。	在文本生成和对话中表现出色，但在某些资源受限的场景下可能不如 V3。	使用经典的Transformer架构，相对简单易懂。
DeepSeek-V3	基于更大规模的预训练模型，采用先进的多层Transformer架构，性能更强。	更注重实用性和准确性，适合日常使用、信息查询和具体任务执行。	通过优化算法提升了处理速度和准确率，更适合需要快速响应的应用。	采用更复杂的多层结构和注意力机制，性能更为先进。

在实际业务中，如果需要高效处理复杂对话或广泛知识查询，可以考虑DeepSeek-R1；如果更注重快速准确的信息处理和多样化任务支持，DeepSeek-V3 可能是更好的选择。

在我们使用DeepSeek的过程中，有时会出现“服务器繁忙，请稍后重试”的情况，这意味着同一时间使用DeepSeek并且排队的人很多，导致DeepSeek并发量过高，服务器响应不过来。这时候，如果你还愿意等待，可以过15分钟后再尝试。

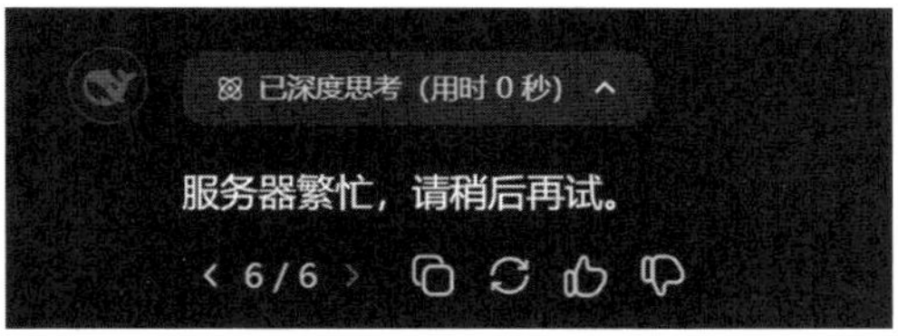

DeepSeek有时会出现服务器繁忙的情况

当然也可以选择其他平台部署的DeepSeek版本，如抖音火山引擎上的DeepSeek模型，通过平台提供的API（应用程序编程接口）对DeepSeek进行调用，最终体验的效果与使用官方版本几乎无异。

二、百度——文心一言

文心一言基于飞桨深度学习平台和文心知识增强大模型构建而成。它通过对海量的数据和大规模的知识进行融合学习，从数万亿的数据以及数千亿的知识中挖掘规律、语义和逻辑关系。同时，结合有监督精调、人类反馈强化学习、提示等技术，不断优化自身的性能和表现，从而具备了强大的语言理解和生成能力，能够像人类一样理解文本的含义，并根据不同的需求生成高质量、有针对性的文本内容。

百度文心一言

扫码查看文心一言

文心一言网站二维码

（一）特点与优势

知识增强：借助百度长期积累的海量数据和深厚的知识图谱，文心一言能够更好地理解和运用知识，在回答问题时提供更准确、更有深度、更具专业性的答案，有效避免了一些语言模型可能出现的常识性错误和肤浅回答。

检索增强：通过检索增强技术，文心一言可以在生成文本的过程中快速从大量的信息中检索到相关的知识和数据，并将其融入生成的内容中，从而提高了内容的质量和可信度，尤其在处理一些需要实时数据和最新信息的问题时，表现更为出色。

对话增强：经过大量的对话数据训练，文心一言能够更好地理解用户的意图和上下文信息，生成更自然、更流畅、更符合对话场景的回复，支持多轮对话，并且在对话过程中不断学习和优化，为用户提供更加个性化、贴心的交流体验。

跨语言能力：具备较强的跨语言理解和生成能力，不仅在中文任务中表现优异，对于英文及其他多种语言的文本处理也得心应手，满足不同语言背景用户的需求，为跨国交流、多语言文本创作等提供了有力支持。

多模态融合能力：文心一言不仅在文本领域表现出色，还具备强大的多模态融合能力，例如可以根据用户的文字描述生成相应的图片，实现文字与图像的有机结合，为用户提供更加丰富、立体的内容创作和交互体验，拓展了人工智能在多媒体领域的应用范围。

（二）应用场景

1．内容创作领域

文学创作：可以为创作者提供灵感启发，比如生成故事梗概、情节设定、人物形象等创意元素，辅助构思小说、诗歌、剧本等各类文学作品；还能帮助创作者对已有作品进行修改润色，完善文本的语言表达和逻辑结构，使其更加流畅自然、富有感染力。

商业文案写作：在广告营销方面，能够撰写吸引人的广告标语、产品介绍、宣传文案等，突出产品或服务的特点和优势，吸引目标客户的注意力，从而提高营销效果。在商务写作中，可用于生成商务邮件、工作报告、项目计划书等，准确清晰地表达观点和信息，提升商务沟通的效率和专业性。

新闻报道：快速根据事件信息生成新闻报道的初稿，帮助新闻工作者缩短新闻制作周期，提高新闻报道的及时性和效率，同时保持一定的新闻专业性和客观性。

2．学习教育领域

学习辅导：为学生解答数学、物理、化学、历史、地理等各种学科问题，提供详细的解答和解释，帮助学生更好地理解和掌握知识点；还能根据学生的学习进度和需求，提供个性化的学习方法指导和学习计划建议，提高学习效率和成绩。

论文写作：协助学生和研究人员进行论文写作，包括查找相关文献资料、提取关键信息、生成论文大纲、撰写文献综述等，为论文写作提供有力的支持和参考，节省时间和精力，提高论文质量。

语言学习：作为语言学习的辅助工具，帮助学习者练习语言表达和写作能力，如进行语法纠错、词汇推荐、翻译等，学习者还可以通过与文心一言的对话交流，提高口语表达和听力理解能力。

3. 工作办公领域

智能客服：能够理解用户咨询的问题，并准确地提供相应的解答和建议，有效提升客户服务质量和效率，可应用于电商、金融、互联网等多个行业的客户咨询场景，减轻人工客服的工作压力，实现24小时不间断的客户服务。

办公文档处理：帮助用户快速生成各种办公文档，如Word文档、Excel表格、PPT演示文稿等，提高办公效率。还可以对已有文档进行内容提取、格式转换、排版优化等操作，方便用户对文档进行编辑和管理。

会议助手：在会议中，文心一言可以实时记录会议内容，生成会议纪要，提取关键信息和讨论结果，方便参会人员回顾和总结会议要点。此外，还可以根据会议主题和讨论内容，提供相关的资料和建议，为会议决策提供参考依据。

4. 生活娱乐领域

日常问答：解答用户在日常生活中遇到的各种问题，如天气查询、交通出行、健康养生、美食推荐等，为用户提供便捷的生活服务和实用的信息建议。

聊天交流：作为聊天伙伴，与用户进行有趣的对话和交流，分享观点、讨论兴趣爱好、讲述故事等，让用户感受到人工智能陪伴的乐趣，缓解孤独感。

创意娱乐：根据用户的需求生成各种创意内容，如编写笑话、创作谜语、设计游戏等，为用户的生活增添乐趣和创意，丰富用户的闲暇时光。

5. 编程开发领域

代码生成：集成文心一言API的编程应用，可以根据用户输入的程序需求，生成对应的代码，并在本地执行，若出现执行错误，还可对错误信息进行优化，提高编程效率，降低编程难度。

技术文档编写：协助开发人员编写技术文档，如项目说明、代码注释、API文档等，清晰准确地表达技术概念和代码逻辑，方便团队成员之间沟通和协作，提高软件开发的效率和质量。

算法设计与优化：为程序员提供算法设计思路和优化建议，帮助他们解决复杂的算法问题，提高算法的性能和效率，推动软件开发项目的顺利进行。

6. 行业应用领域

金融行业：可用于金融市场分析、投资建议、风险评估、客户服务等方面。例如，分析股票市场趋势、为投资者提供投资组合建议、评估信贷风险等，帮助金融机构提高决策的科学性和准确性，提升服务质量和竞争力。

医疗行业：辅助医疗人员进行医学文献查阅、疾病诊断、治疗方案制定等工作。例如，快速查找相关医学研究论文、为罕见病诊断提供参考、根据患者病情生成个性化的治疗方案等，提高医疗服务的效率和水平，为患者提供更好的医疗保障。

传媒娱乐行业：在影视制作中，可用于剧本创作、角色设定、情节构思等；在游戏开发中，能够生成游戏剧情、角色对话、任务设定等内容。此外，还可以为媒体内容创作提供创意支持，如撰写影评、剧评、专题报道等，丰富传媒娱乐行业内容的创作方式和表现形式。

（三）实际应用案例

1. 撰写新闻稿件

我们以“广州新增房贷利率统一调整为最低3%”为例，使用文心一言写一篇新闻稿。

在浏览器上打开文心一言（网址为https://yiyan.baidu.com/），并在网页的右上角，点击“立即登录”按钮，使用个人账号登录文心一言。

文心一言首页

在网页下方的指令输入框中输入以下提示词：

你是一名资深的记者，请根据2024年11月“广东发布”发文，以“广州新增房贷利率统一调整为最低3%”为题，写一篇新闻稿。

点击图标，发送指令，在接到指令后，文心一言将迅速处理，接着在网页中心内容区域，将出现新闻稿。如下图所示：

参考 4 条网页信息源

广州新增房贷利率统一调整为最低3%

2024年11月，广东省人民政府新闻办公室官方微信“广东发布”发文称，自11月7日起，广州地区主要商业银行将统一调整房贷利率，新增房贷利率最低不得低于3%。这一政策调整迅速引起了市场广泛关注，成为近期楼市调控的新动向。

政策背景：利率下调后的市场规范

据了解，此次调整是在此前房贷利率持续下降至历史低位后的一次重要回调。今年以来，广东新发放个人住房贷款利率持续下降，比年初下降超过70个基点，已降至历史低位，且低于全国平均水平。然而，部分银行在利率竞争中出现了非理性行为，导致房贷利率与公积金贷款利率出现“倒挂”现象，即商业房贷利率低于公积金贷款利率。

为了规范市场秩序，防止非理性竞争，相关部门要求房贷商贷利率不得低于公积金贷款利率。因此，广州地区多家商业银行在接到通知后，纷纷对房贷利率进行了调整，统一将新增房贷利率最低标准设定为3%。

市场反应：购房者与银行的双向考量

对于此次房贷利率调整，市场反应呈现出多样化的特点。一方面，购房者对于利率上调表示了一定的关注。此前，部分购房者已经享受到了低于3%的房贷利率，因此此次调整可能会增加他们的购房成本。然而，也有购房者认为，虽然利率有所上调，但相比历史高位，当前的利率水平仍然较为优惠，且购房成本相对较低，因此并未改变购房计划。

另一方面，银行方面也表示了对此次调整的理解和支持。多家银行表示，综合考虑资金、风险、运营、资本、税收等成本后，3%的房贷利率是一个相对合理的水平。此次调整有助于维护银行的稳健经营，防止因非理性竞争而导致的经营风险。

政策影响：促进楼市平稳健康发展

此次房贷利率调整对广州楼市的影响是多方面的。首先，从政策层面来看，这一调整有助于规范市场秩序，防止非理性竞争和恶意降价等行为的发生。通过合理确定房贷利率水平，有助于维护银行的稳健经营和可持续发展，同时也为购房者提供了更加公平、透明的市场环境。

其次，从市场层面来看，房贷利率调整将对购房者的购房意愿和购房成本产生直接影响。虽然短期内可能会对楼市销售造成一定冲击，但长期来看，有助于促进楼市的平稳健康发展。通过调整房贷利率水平，可以引导购房者理性购房，避免过度投机和炒作行为的发生。

最后，从社会层面来看，房贷利率调整也体现了政府对民生问题的关注和重视。通过合理调控房地产市场，政府旨在保障人民群众的住房需求，促进经济社会和谐发展。此次调整有助于维护房地产市场的稳定和健康发展，为人民群众提供更加优质的住房服务。

结语：政策调整助力楼市稳健前行

综上所述，广州新增房贷利率统一调整为最低3%的政策出台，是楼市调控中的一项重要举措。这一调整不仅有助于规范市场秩序、维护银行稳健经营，还将对购房者的购房意愿和购房成本产生深远影响。在政策的引导下，广州楼市将朝着更加健康、稳定和可持续的方向发展。未来，随着政策的不断完善和市场的逐步成熟，广州楼市将迎来更加广阔的发展前景。

本新闻稿基于广东省人民政府新闻办公室官方微信“广东发布”发布的信息撰写，旨在为读者提供客观、准确的新闻信息。如有任何疑问或需要进一步了解相关信息，请随时与我们联系。

由文心大模型 3.5 生成

可以看到，文心一言生成了一篇接近1200字的稿件。这篇稿件在结构和内容组织方面，遵循传统新闻结构，有标题、导语、主体、背景和结尾的新闻结构框架，层次分明，逻辑清晰。段落衔接自然流畅，整体连贯性强，阅读体验佳。

我们可以尝试一下，在这提示词的基础上，加入深度解读的提示词，会是怎样？

在文心一言的提示词输入框里面，输入以下内容：

你是一名资深的记者，请根据2024年11月“广东发布”发文，以“广州新增房贷利率统一调整为最低3%”为题，写一篇新闻稿。要求专业、规范、严谨、客观地报道此事，新闻类型为深度解读。

点击图标，发送指令，紧接着在网页中心内容区域，将出现新闻稿。如下图所示：

参考 4 条网页信息源

广州新增房贷利率统一调整为最低3%：深度解读与市场影响

2024年11月，广东省人民政府新闻办公室官方微信"广东发布"发布了一则重要消息：自11月7日起，广州地区主要商业银行将统一调整房贷利率，新增房贷利率最低不得低于3%。这一政策调整迅速引起了市场广泛关注，并引发了对于广州楼市未来发展的深度讨论。

政策背景：利率竞争与公积金贷款利率"倒挂"

在过去的一段时间里，广州地区的房贷利率持续走低，部分银行甚至出现了低于3%的超低利率。这一趋势在一定程度上反映了银行在房贷市场的激烈竞争，同时也为购房者提供了更为优惠的贷款条件。然而，随着市场竞争的加剧，部分银行开始采取非理性竞争手段，导致房贷利率与公积金贷款利率出现"倒挂"现象，即商业房贷利率低于公积金贷款利率。

为了规范市场秩序，防止非理性竞争带来的风险，相关部门决定对广州地区的房贷利率进行调整。根据通知，各家商业银行的商业房贷利率最低不得低于3%，以确保市场的公平性和稳定性。

市场反应：购房者、银行与开发商的多元视角

对于此次房贷利率调整，市场反应呈现出多元化的特点。

购房者方面，部分购房者对于利率上调表示了一定的担忧。他们担心这会增加购房成本，影响自己的购房计划。然而，也有购房者认为，虽然利率有所上调，但相比历史高位，当前的利率水平仍然较为优惠。因此，他们并未因利率调整而改变购房意愿。

银行方面，多家银行表示理解和支持此次调整。他们认为，3%的房贷利率是一个相对合理的水平，有助于维护银行的稳健经营。同时，通过调整利率水平，银行可以更加有效地管理风险，确保业务的可持续发展。

开发商方面，则呈现出较为复杂的态度。一方面，他们担心利率上调会影响购房者的购房意愿，进而影响楼盘销售。另一方面，他们也认为，通过调整利率水平，可以引导购房者更加理性地购房，避免过度投机和炒作行为的发生。

政策影响：促进楼市平稳健康发展

此次房贷利率调整对广州楼市的影响是多方面的。

首先，从政策层面来看，这一调整有助于规范市场秩序，防止非理性竞争带来的风险。通过设定房贷利率的下限，可以确保市场的公平性和稳定性，为购房者提供更加透明、公正的贷款环境。

其次，从市场层面来看，房贷利率调整将对购房者的购房意愿和购房成本产生直接影响。虽然短期内可能会对楼市销售造成一定冲击，但长期来看，有助于促进楼市的平稳健康发展。通过调整利率水平，可以引导购房者更加理性地购房，避免过度投机和炒作行为的发生，从而维护房地产市场的稳定和可持续发展。

最后，从社会层面来看，房贷利率调整也体现了政府对民生问题的关注和重视。通过合理调控房地产市场，政府旨在保障人民群众的住房需求，促进经济社会和谐发展。此次调整有助于维护房地产市场的稳定和健康发展，为人民群众提供更加优质的住房服务。

未来展望：政策调控与市场变化

展望未来，广州楼市的发展将受到多方面因素的影响。一方面，随着政策的不断完善和市场的逐步成熟，广州楼市将朝着更加健康、稳定和可持续的方向发展。另一方面，随着购房者的需求变化和市场竞争的加剧，楼市也将面临更多的挑战和机遇。

在此背景下，政府和相关部门将继续加强政策调控和市场监管力度，确保房地产市场的稳定和健康发展。同时，银行和开发商也将积极适应市场变化和政策调整带来的新要求和新机遇，为购房者提供更加优质、便捷的住房服务。

本新闻稿基于广东省人民政府新闻办公室官方微信"广东发布"发布的信息撰写，旨在为读者提供客观、准确、专业的新闻解读。如有任何疑问或需要进一步了解相关信息，请随时与我们联系。

由文心大模型 3.5 生成

从结果看来，在原来提示词指令中增加对新闻的要求并要求将新闻类型指定为深度解读之后，文心一言生成的结果与第一次生成的内容有了些变化，可以明显看到在市场反应的部分，使用了多元视角去解读此次利率的调整，让整篇的报道更加丰满。

接下来，我们在提示词里增加一个数据分析的要求，看看结果会变成怎样？

我们对提示词进行调整：

你是一名资深的记者，请根据2024年11月“广东发布”发文，以“广州新增房贷利率统一调整为最低3%”为题，写一篇新闻稿。要求专业、规范、严谨、客观地报道此事，要求有详细的数据分析，新闻类型为深度解读。

生成的新闻稿如下图：

参考 4 条网页信息源

广州新增房贷利率统一调整为最低3%：深度解读与市场影响分析

2024年11月，广东省人民政府新闻办公室官方微信“广东发布”发布了一条重要通知，宣布自11月7日起，广州地区主要商业银行将统一调整房贷利率，新增房贷利率最低不得低于3%。这一政策调整迅速引起了市场的广泛关注和讨论。本文将基于详细的数据分析，对这一政策进行深度解读，并探讨其对广州楼市的影响。

一、政策背景与调整原因

近年来，随着房地产市场调控政策的不断深化，广州地区的房贷利率经历了多次调整。据中国人民银行授权全国银行间同业拆借中心公布的数据，2024年11月20日，贷款市场报价利率（LPR）1年期为3.1%，5年期以上为3.6%，均与上月持平。然而，在此前的一段时间里，为了刺激房地产市场的活跃度，广州地区的部分银行已经将房贷利率下调至历史低位。

据央行10月31日发布的数据，2024年第三季度全国新发放商业性个人住房贷款加权平均利率为3.33%。而在广州地区，部分银行在10月份的房贷利率甚至低于3%，出现了商贷与公积金利率“倒挂”的现象。这种非理性竞争不仅给银行带来了经营风险，也扰乱了市场秩序。

因此，为了规范市场秩序，防范金融风险，相关部门决定对广州地区的房贷利率进行调整。通过设定房贷利率的下限，可以确保市场的公平性和稳定性，为购房者提供更加透明、公正的贷款环境。

二、市场反应与数据分析

对于此次房贷利率调整，市场反应呈现出多元化的特点。

1. **购房者反应**

对于即将买房的人来说，房贷利率的调整直接影响其购房成本。以贷款100万元、期限30年为例，按照调整前的最低利率（假设为2.85%）计算，每月还款额约为4312元；而按照调整后的最低利率（3%）计算，每月还款额约为4352元。虽然每月还款额有所增加，但增加的幅度相对较小，对购房者的还款压力影响不大。

然而，对于部分购房者来说，他们更关心的是利率调整后的购房成本是否仍然具有吸引力。从全国范围来看，广州地区的房贷利率仍然低于全国平均水平，因此广州的房地产市场仍然具有一定的吸引力。

2. **银行反应**

对于银行来说，房贷利率的调整意味着其利润空间将受到一定影响。然而，多家银行表示理解和支持此次调整。他们认为，3%的房贷利率是一个相对合理的水平，有助于维护银行的稳健经营。

此外，银行也意识到非理性竞争带来的风险。通过调整利率水平，银行可以更加有效地管理风险，确保业务的可持续发展。同时，合理的利率水平也有助于提升银行的盈利能力。

3. **开发商反应**

开发商对于房贷利率的调整也表现出复杂的态度。一方面，他们担心利率上调会影响购房者的购房意愿，进而影响楼盘销售。另一方面，他们也认为通过调整利率水平，可以引导购房者更加理性地购房，避免过度投机和炒作行为的发生。

从市场数据来看，广州地区的房地产市场仍然保持一定的活跃度。据58同城、安居客发布的《10月国民安居指数报告》显示，2024年10月购房者信心指数为96.3，环比上涨10.2%，信心创下年内新高。这表明购房者在政策利好之下仍然对广州的房地产市场保持信心。

三、政策影响与未来展望

此次房贷利率调整对广州楼市的影响是多方面的。

1. **规范市场秩序**

通过设定房贷利率的下限，可以规范市场秩序，防止非理性竞争带来的风险。这有助于维护市场的公平性和稳定性，为购房者提供更加透明、公正的贷款环境。

2. **引导理性购房**

合理的利率水平有助于引导购房者更加理性地购房。避免过度投机和炒作行为的发生，有助于维护房地产市场的稳定和健康发展。

3. **促进银行稳健经营**

通过调整利率水平，银行可以更加有效地管理风险，确保业务的可持续发展。同时，合理的利率水平也有助于提升银行的盈利能力，为股东和投资者创造更大的价值。

展望未来，广州楼市的发展将受到多方面因素的影响。一方面，随着政策的不断完善和市场的逐步成熟，广州楼市将朝着更加健康、稳定和可持续的方向发展。另一方面，随着购房者的需求变化和市场竞争的加剧，楼市也将面临更多的挑战和机遇。

政府和相关部门将继续加强政策调控和市场监管力度，确保房地产市场的稳定和健康发展。同时，银行和开发商也将积极适应市场变化和政策调整带来的新要求和新机遇，为购房者提供更加优质、便捷的住房服务。

本文基于广东省人民政府新闻办公室官方微信"广东发布"发布的信息以及相关数据分析撰写而成，旨在为读者提供客观、准确、专业的新闻解读。如有任何疑问或需要进一步了解相关信息，请随时与我们联系。

由文心大模型3.5生成

重新生成

从上图可见，文心一言理解了增加数据分析的指令，在文章的章节中，可以直观地看到全文多了很多数据，如：在“政策背景与调整原因”章节中，多了“2024年11月20日，贷款市场报价利率（LPR）1年期为3.1%，5年期以上为3.6%，均与上月持平”；在“市场反应与数据分析”章节中，增加了例子“以贷款100万元、期限30年为例，按照调整前的最低利率（假设为2.85%）计算，每月还款额约为4312元；而按照调整后的最低利率（3%）计算，每月还款额约为4352元”。

这次生成的稿件通过对数据和具体例子的表述，让读者更加直观地了解利率调整对自身的影响，阅读起来不再干巴巴的。

下一小节，我们再看看文心一言在商业文案方面的表现。

2. 商业文案写作

本小节通过实际的商业例子，探讨如何通过文心一言撰写商业文案。我们以伊利牛奶618活动为题，写一份产品的推广广告。

在文心一言的指令输入框中，输入以下提示词：

你是一个资深的商业文案写手，现在为伊利牛奶写一个以“全方面价值创新，高质量稳健发展，伊利618一起分享美味传递健康”为题的产品推广文案。

文心一言给出了下图的文案。

全方面价值创新，高质量稳健发展，伊利618一起分享美味传递健康

在这个飞速发展的时代，每一步前行都离不开创新与品质的双重保障。作为乳品行业的领航者，伊利牛奶始终秉持着“全方面价值创新，高质量稳健发展”的理念，致力于为全球消费者带来最优质、最健康的乳制品。值此618购物狂欢之际，我们诚邀您一同分享这份来自大自然的馈赠，将美味与健康传递给每一个珍视的家人和朋友。

全方面价值创新：引领行业新风尚

在伊利，创新不仅仅是一个口号，而是深深植根于我们的企业文化之中。从源头把控，我们优选全球优质牧场，采用先进的奶牛养殖技术和科学喂养方法，确保每一滴牛奶都蕴含着丰富的天然营养。在生产环节，伊利引入智能化生产线，通过大数据分析和物联网技术，精准控制每一个生产细节，实现产品从牧场到餐桌的无缝衔接，确保新鲜与安全。

不仅如此，伊利还不断探索产品的多元化与创新，从经典的纯牛奶到富含高蛋白、低脂肪的特种奶，再到满足特定人群需求的定制产品，我们致力于满足每一位消费者的个性化需求，让健康与美味触手可及。

高质量稳健发展：守护每一滴的承诺

质量是伊利的生命线。我们深知，只有高标准、严要求，才能赢得消费者的信任与忠诚。因此，伊利建立了完善的质量管理体系，从原料采购、生产加工、成品检测到物流配送，每一个环节都严格遵循国家及国际质量标准，确保每一盒牛奶都能达到甚至超越消费者的期待。

稳健的发展策略，让伊利在激烈的市场竞争中始终保持领先地位。我们坚持可持续发展，注重环境保护与社会责任，通过节能减排、循环利用等措施，努力构建绿色供应链，为地球的可持续发展贡献力量。

伊利618：共享美味，传递健康

在这个充满喜悦与期待的618，伊利牛奶携手多重优惠与惊喜，邀请您共同开启一场健康之旅。无论是为家人准备的早餐牛奶，还是孩子成长路上的营养伴侣，亦或是送给亲朋好友的健康礼物，伊利都能为您提供最佳选择。

让我们在这个特别的日子里，不仅享受购物的乐趣，更将健康与爱的理念传递给更多人。伊利牛奶，不仅仅是美味的源泉，更是连接你我，传递健康的桥梁。

618，与伊利同行，一起分享美味，传递健康，共创美好未来！

由文心大模型 3.5 生成

可以看到，这篇产品推广文案基本满足了推广文案的基本要素，有明确的标题，品牌理念突出，内容全面且有深度，结合热点与情感诉求。但是仔细分析，推广文案少了对独特卖点的精准聚焦，我们从这方面对提示词进行调整。

在指令输入框中，输入以下提示词：

你是一个资深的商业文案写手，现在为伊利牛奶写一个以“全方面价值创新，高质量稳健发展，伊利618一起分享美味传递健康”为题的产品推广文案。要求强调独特卖点，列举具体数据和事实，突出产品优势。

生成新的文案如下，观察有什么变化。

全方面价值创新，高质量稳健发展，伊利618一起分享美味传递健康

在这个瞬息万变的时代，伊利牛奶以全方面的价值创新和高质量稳健发展，持续引领乳品行业的潮流。今天，正值618购物狂欢节，我们诚挚邀请您一同参与这场健康与美味的盛宴，共同体验伊利牛奶带来的独特魅力。

全方面价值创新：科技引领，品质升级

伊利牛奶始终致力于在科技创新上不断突破，以独特卖点引领市场。我们拥有全球领先的研发中心，汇聚了数百名科研精英，每年投入巨额资金用于新品研发和技术升级。

- **智能化牧场管理**：通过引入物联网和大数据技术，伊利实现了对牧场的精准管理。牧场内的奶牛健康数据、饲料配比、牛奶质量等信息实时上传至云端，确保了每一滴牛奶的纯净与优质。目前，伊利已有超过80%的牧场实现了智能化管理，牛奶品质显著提升。

- **先进生产工艺**：伊利采用国际先进的低温杀菌和均质化技术，最大限度地保留了牛奶中的营养成分，同时避免了高温处理带来的营养流失。据权威机构检测，伊利牛奶中的蛋白质、钙等营养成分含量均高于同类产品平均水平10%以上。

高质量稳健发展：严格标准，铸就信赖

质量是伊利牛奶的生命线。我们坚持采用全球最严格的质量标准，从源头到终端，每一个环节都经过层层筛选和严格把关。

- **优质奶源**：伊利与全球多个优质牧场建立了长期合作关系，确保每一滴牛奶都来自健康、快乐的奶牛。目前，伊利奶源基地已覆盖全球10多个国家和地区，年收购鲜奶量超过1000万吨，居行业之首。
- **权威认证**：伊利牛奶通过了ISO9001质量管理体系、HACCP食品安全管理体系等国际权威认证，产品出口至全球60多个国家和地区，赢得了广泛的国际赞誉。

伊利618：共享美味，传递健康

在这个618，伊利牛奶为您准备了丰富的优惠活动和优质产品。无论是经典的纯牛奶，还是富含益生菌的酸奶，亦或是专为儿童设计的成长牛奶，都能满足您和家人的不同需求。

- **限时折扣**：活动期间，所有伊利牛奶产品均享受限时折扣，最高可达50%OFF，让您以更实惠的价格享受高品质的健康美味。
- **满减优惠**：单笔订单满300元即可享受立减50元的优惠，让您购物更省心、更划算。
- **赠品福利**：前1000名下单的用户还将获得伊利专属健康礼包，内含伊利牛奶新品试饮装和定制健康手册，让您在享受美味的同时，还能学习更多健康知识。

在这个充满喜悦与期待的618，让我们一起分享伊利牛奶带来的美味与健康。选择伊利，就是选择高品质的生活。让我们一起，携手前行，共创健康美好的未来！

由文心大模型 3.5 生成

可以看到，文心一言理解了“独特卖点”的意思，相比第一次文案的输出，增加了细节的提炼，突出了“智能化牧场管理与先进生产工艺”，强调了优质奶源与权威认证。我们在此基础上，再对提示词进行调整，增加情感共鸣与积极情绪的指令，看看有什么样的情况发生。

提示词改为如下：

你是一个资深的商业文案写手，现在为伊利牛奶写一个以“全方面价值创新，高质量稳健发展，伊利618一起分享美味传递健康”为题的产品推广文案。要求强调独特卖点，列举具体数据和事实，突出产品优势。同时要求运用情感共鸣，激发积极情绪。

新生成的文案如下：

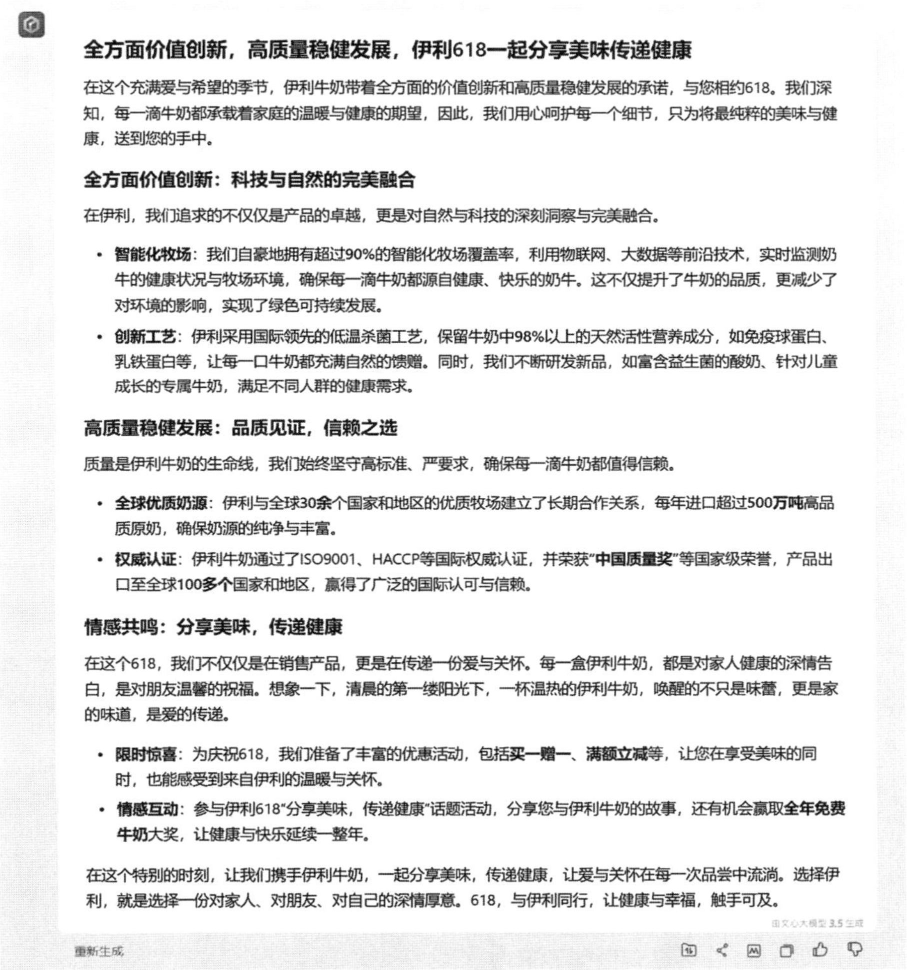

全方面价值创新，高质量稳健发展，伊利618一起分享美味传递健康

在这个充满爱与希望的季节，伊利牛奶带着全方面的价值创新和高质量稳健发展的承诺，与您相约618。我们深知，每一滴牛奶都承载着家庭的温暖与健康的期望，因此，我们用心呵护每一个细节，只为将最纯粹的美味与健康，送到您的手中。

全方面价值创新：科技与自然的完美融合

在伊利，我们追求的不仅仅是产品的卓越，更是对自然与科技的深刻洞察与完美融合。

- **智能化牧场**：我们自豪地拥有超过**90%**的智能化牧场覆盖率，利用物联网、大数据等前沿技术，实时监测奶牛的健康状况与牧场环境，确保每一滴牛奶都源自健康、快乐的奶牛。这不仅提升了牛奶的品质，更减少了对环境的影响，实现了绿色可持续发展。
- **创新工艺**：伊利采用国际领先的低温杀菌工艺，保留牛奶中**98%**以上的天然活性营养成分，如免疫球蛋白、乳铁蛋白等，让每一口牛奶都充满自然的馈赠。同时，我们不断研发新品，如富含益生菌的酸奶、针对儿童成长的专属牛奶，满足不同人群的健康需求。

高质量稳健发展：品质见证，信赖之选

质量是伊利牛奶的生命线，我们始终坚守高标准、严要求，确保每一滴牛奶都值得信赖。

- **全球优质奶源**：伊利与全球**30余**个国家和地区的优质牧场建立了长期合作关系，每年进口超过**500万吨**高品质原奶，确保奶源的纯净与丰富。
- **权威认证**：伊利牛奶通过了ISO9001、HACCP等国际权威认证，并荣获"**中国质量奖**"等国家级荣誉，产品出口至全球**100多个**国家和地区，赢得了广泛的国际认可与信赖。

情感共鸣：分享美味，传递健康

在这个618，我们不仅仅是在销售产品，更是在传递一份爱与关怀。每一盒伊利牛奶，都是对家人健康的深情告白，是对朋友温馨的祝福。想象一下，清晨的第一缕阳光下，一杯温热的伊利牛奶，唤醒的不只是味蕾，更是家的味道，是爱的传递。

- **限时惊喜**：为庆祝618，我们准备了丰富的优惠活动，包括**买一赠一**、**满额立减**等，让您在享受美味的同时，也能感受到来自伊利的温暖与关怀。
- **情感互动**：参与伊利618"分享美味，传递健康"话题活动，分享您与伊利牛奶的故事，还有机会赢取**全年免费牛奶**大奖，让健康与快乐延续一整年。

在这个特别的时刻，让我们携手伊利牛奶，一起分享美味，传递健康，让爱与关怀在每一次品尝中流淌。选择伊利，就是选择一份对家人、对朋友、对自己的深情厚意。618，与伊利同行，让健康与幸福，触手可及。

可以看到，在文案的后面增加了情感互动的点，文案的理念更为清晰，情感共鸣与促销结合更为巧妙，同时数据与事实支撑更加有力，更加符合产品推广文案的要求。

小结

可以通过明确文心一言的角色，告知必要的背景和材料，让文心一言理解你的意图，帮你完成任务，最终达成目标。还可以增加相应的要求，调整任务的细节，调整目标的输出。

更多小技巧

试试在指令输入框中，对上下文输入“增加比较与对比”或者“替换文章中的过时用法或短语”这种提示词，观察产出的内容会有怎样的变化。

三、阿里巴巴——通义

通义（原名通义千问）由阿里巴巴集团旗下的阿里云开发，是基于深度学习技术开发的语言模型，能够理解并生成人类自然语言的文本。它通过学习大量的互联网文本数据，掌握了广泛的知识领域，从日常对话到专业知识，几乎无所不能。无论是提供咨询服务、撰写文章、创作故事还是进行学术研究，通义都能发挥其独特的优势。

阿里通义

扫码查看通义

通义大模型网站二维码

（一）特点与优势

广泛的领域知识：通义拥有庞大的训练数据集，覆盖了从科学、文化到艺术等多个领域，这使得它能够处理各种类型的查询。

强大的理解能力：不仅能识别简单的词汇和句子结构，还能理解复杂的语境和意图，确保交流的准确性和流畅性。

灵活的响应机制：根据不同的应用场景和需求，通义可以调整其输出风格，无论是正式的报告编写还是轻松的聊天互动，都能游刃有余。

持续的学习与进化：随着技术的进步和用户反馈的积累，通义不断优化自身的算法，提高服务质量。

（二）应用场景

1. 客户服务

在电商、金融等行业中，通义可以作为智能客服系统的核心，为用户提供24/7的在线咨询服务，解决常见问题，提升客户满意度。

2. 内容创作

对于新闻媒体、教育机构或个人创作者而言，通义可以协助撰写文章、编辑文案甚至生成创意故事，提高工作效率。

3. 教育辅助

在教育领域，通义可作为学习助手，帮助学生解答疑问、辅导作业，同时也能为教师提供教学资源和备课建议。

4. 市场分析

企业可以利用通义对大量市场数据进行快速分析，提取关键信息，支持决策制定。

5. 科研支持

科研人员可以通过通义获取最新的研究成果、文献资料，加速研究进程。

（三）实际应用案例

打开网址https://tongyi.aliyun.com/，点击左下角的“立即登录”按钮，开始我们本次使用通义实践的旅程。

通义大模型首页

1. 论文写作

我们以“2024年AIGC对机构媒体转型的影响”为题，写一篇论文，看看通过通义是怎么操作的。

在通义网页下方的指令输入框，我们输入以下提示词：

> 你现在是一个新闻媒体资深记者，你想研究2024年AIGC对机构媒体转型的影响，请提供5个论文选题。

通义生成的结果如下图：

已完成搜索

当然，以下是一些关于2024年AIGC对机构媒体转型影响的论文选题，供您参考：

1. **AIGC在新闻采编中的应用与挑战**
   - **研究背景**：探讨AIGC技术在新闻采编过程中的具体应用，如自动写作、内容审核、数据挖掘等。
   - **研究问题**：分析AIGC技术在新闻采编中的优势和局限，以及对新闻质量和新闻伦理的影响。
   - **研究方法**：案例分析、问卷调查、深度访谈。

2. **AIGC对新闻内容个性化推荐的影响**
   - **研究背景**：随着AIGC技术的发展，新闻内容的个性化推荐成为可能，这对用户的阅读体验和媒体的传播效果产生了重要影响。
   - **研究问题**：探讨AIGC技术在新闻内容个性化推荐中的应用，分析其对用户粘性和媒体影响力的提升效果。
   - **研究方法**：数据分析、用户行为研究、对比实验。

3. **AIGC在多媒体新闻生产中的创新应用**
   - **研究背景**：AIGC技术不仅限于文本生成，还在图像、音频、视频等多媒体内容生产中展现出巨大潜力。
   - **研究问题**：分析AIGC技术在多媒体新闻生产中的创新应用，探讨其对新闻表现形式和传播方式的影响。
   - **研究方法**：案例分析、技术评估、用户反馈。

4. **AIGC对新闻媒体商业模式的重塑**
   - **研究背景**：AIGC技术的引入不仅改变了新闻内容的生产方式，还对新闻媒体的商业模式产生了深远影响。
   - **研究问题**：探讨AIGC技术如何重塑新闻媒体的商业模式，分析其对广告、订阅、付费内容等收入来源的影响。
   - **研究方法**：市场分析、财务数据研究、案例研究。

5. **AIGC在国际新闻报道中的应用与伦理考量**
   - **研究背景**：随着全球化的发展，国际新闻报道的重要性日益凸显，AIGC技术在国际新闻报道中的应用也逐渐增多。
   - **研究问题**：分析AIGC技术在国际新闻报道中的应用，探讨其对新闻客观性、文化差异和国际关系的影响，以及相关的伦理问题。
   - **研究方法**：文献综述、案例分析、专家访谈。

这些选题涵盖了AIGC技术在新闻媒体转型中的多个方面，既有技术应用的探讨，也有伦理和社会影响的分析，希望对您的研究有所帮助。如果您需要进一步的信息或具体的研究建议，欢迎随时告知。

相关链接 · 8

深度搜索

通义根据我们的提问，按要求输出了5个论文选题的结果，围绕着在采编中的应用、个性化推荐、多媒体生产中的创新应用、商业模式和伦理考量推荐了5个选题，就选题而言方向思路均不错，难度也有所区别。本文从新闻采编的应用与挑战入题，选择了第一个推荐选题，看看接下来怎么操作。

依照上文，我们再输入如下提示词：

选择第1个选题，写一份500字的摘要。

新生成的内容如下图：

摘要

题目：AIGC在新闻采编中的应用与挑战

研究背景：
随着人工智能技术的飞速发展，特别是生成式人工智能（AIGC）技术的突破，新闻媒体行业正经历一场深刻的变革。AIGC技术通过深度学习和自然语言处理，能够在新闻采编过程中自动生成高质量的新闻稿件、进行内容审核和数据挖掘。这一技术的应用不仅提高了新闻生产的效率，还为新闻媒体带来了新的机遇和挑战。

研究目的：
本研究旨在探讨AIGC技术在新闻采编中的具体应用及其带来的优势和局限，分析其对新闻质量和新闻伦理的影响，为新闻媒体机构提供科学的指导和建议。

研究方法：
本研究采用多方法综合研究策略，包括文献综述、案例分析、问卷调查和深度访谈。首先，通过文献综述梳理AIGC技术在新闻采编中的现有应用和研究进展；其次，选取若干典型新闻媒体机构进行案例分析，了解AIGC技术的实际应用情况；再次，设计问卷调查，收集新闻从业人员和读者对AIGC技术的看法和意见；最后，通过深度访谈，与新闻媒体的高层管理人员和技术专家进行交流，获取更深入的见解。

研究结果：

1. **优势**：
    - **提高效率**：AIGC技术能够快速生成新闻稿件，减轻记者的工作负担，特别是在突发事件报道中，能够迅速发布初步信息。
    - **内容多样性**：AIGC技术可以生成多种类型的内容，包括文字、图表和视频，丰富了新闻的表现形式。
    - **数据挖掘**：AIGC技术能够处理大量数据，发现隐藏的趋势和模式，为新闻报道提供有力的数据支持。
2. **局限**：
    - **新闻质量**：尽管AIGC技术能够生成新闻稿件，但在复杂性和深度报道方面仍存在不足，容易出现事实错误和逻辑漏洞。
    - **新闻伦理**：AIGC技术的广泛应用引发了关于新闻真实性和原创性的讨论，如何确保新闻的准确性和公正性成为亟待解决的问题。
    - **技术依赖**：过度依赖AIGC技术可能导致新闻从业人员技能退化，影响新闻行业的整体发展。

结论：
AIGC技术在新闻采编中的应用具有显著的优势，能够提高新闻生产的效率和内容的多样性。然而，其局限性也不容忽视，特别是在新闻质量和伦理方面。新闻媒体机构应合理利用AIGC技术，结合传统新闻采编的优势，确保新闻的真实性和公正性，同时加强对从业人员的培训，提升其技术水平和职业道德素养。

关键词：AIGC技术、新闻采编、新闻质量、新闻伦理、技术依赖

这份摘要概述了AIGC技术在新闻采编中的应用及其带来的优势和局限，为后续的详细研究提供了基础。希望这对您的研究有所帮助。如有需要进一步扩展或修改，欢迎告知。

上图所示，通义完成了要求，输出了一份摘要，单独从这份摘要分析，内容完整、条理清晰、同时重点突出，基本上符合对本篇论文摘要的要求。那么我们接下来继续输入下一个指令，生成本篇论文的引言。

输入如下提示词：

以上面的关键词，写这篇论文的引言

生成的引言如下图：

引言

随着信息技术的迅猛发展，人工智能（AI）在各个领域的应用日益广泛，特别是在新闻媒体行业。生成式人工智能（AIGC）技术作为一种前沿的人工智能技术，通过深度学习和自然语言处理，能够在新闻采编过程中自动生成高质量的新闻稿件、进行内容审核和数据挖掘。AIGC技术的引入不仅提高了新闻生产的效率，还为新闻媒体带来了新的机遇和挑战。

新闻采编是新闻媒体的核心业务，传统的新闻采编流程通常包括新闻线索的收集、采访、撰稿、编辑和发布等多个环节。这一过程不仅耗时费力，而且在突发事件报道中往往难以迅速响应。AIGC技术的出现，为新闻采编带来了革命性的变化。通过自动化生成新闻稿件，AIGC技术能够大幅缩短新闻制作周期，提高新闻发布的时效性。此外，AIGC技术还可以处理大量数据，发现隐藏的趋势和模式，为新闻报道提供有力的数据支持，丰富新闻内容的表现形式。

然而，AIGC技术在新闻采编中的应用并非没有局限。首先，尽管AIGC技术能够生成新闻稿件，但在复杂性和深度报道方面仍存在不足，容易出现事实错误和逻辑漏洞，影响新闻的质量。其次，AIGC技术的广泛应用引发了关于新闻真实性和原创性的讨论，如何确保新闻的准确性和公正性成为亟待解决的问题。最后，过度依赖AIGC技术可能导致新闻从业人员技能退化，影响新闻行业的整体发展。

因此，本研究旨在深入探讨AIGC技术在新闻采编中的具体应用及其带来的优势和局限，分析其对新闻质量和新闻伦理的影响，为新闻媒体机构提供科学的指导和建议。通过文献综述、案例分析、问卷调查和深度访谈等多方法综合研究策略，本研究希望能够为新闻媒体在AIGC技术的应用和发展中提供有价值的参考。

关键词：AIGC技术、新闻采编、新闻质量、新闻伦理、技术依赖

这段引言概述了AIGC技术在新闻采编中的背景、意义和研究目的，为后续的详细研究奠定了基础。希望这对您的论文撰写有所帮助。如有需要进一步扩展或修改，欢迎告知。

如果觉得结果深度不够，不能满足需要，可以继续提问，重写提示词，或者直接点击文章下方重新生成 按钮，让大模型重新回答问题。

我们接着输入提示词：

> 根据上面的摘要、关键词、引言等相关内容，拟出这篇论文的大纲。

生成的大纲如下图所示：

论文大纲

题目：AIGC在新闻采编中的应用与挑战

摘要

- **研究背景**：介绍AIGC技术的发展及其在新闻媒体行业的应用。
- **研究目的**：探讨AIGC技术在新闻采编中的具体应用及其带来的优势和局限，分析其对新闻质量和新闻伦理的影响。
- **研究方法**：文献综述、案例分析、问卷调查和深度访谈。
- **研究结果**：AIGC技术在提高新闻生产效率和内容多样性方面的优势，以及在新闻质量和伦理方面的局限。
- **结论**：提出合理利用AIGC技术的建议，确保新闻的真实性和公正性。

关键词

- AIGC技术、新闻采编、新闻质量、新闻伦理、技术依赖

引言

- **背景介绍**：信息技术的发展和AIGC技术的兴起。
- **研究意义**：AIGC技术在新闻采编中的重要性和潜在影响。
- **研究目的**：探讨AIGC技术的应用及其带来的优势和局限。
- **研究方法**：文献综述、案例分析、问卷调查和深度访谈。

第一章：AIGC技术概述

1. **AIGC技术的定义与原理**
    - 深度学习和自然语言处理的基本概念
    - AIGC技术的主要功能和应用场景
2. **AIGC技术的发展历程**
    - 国内外AIGC技术的研究进展
    - 代表性技术和平台介绍

第二章：AIGC技术在新闻采编中的应用

1. **新闻稿件自动生成**
    - 自动写作技术及其在新闻报道中的应用
    - 典型案例分析
2. **内容审核与过滤**
    - AIGC技术在内容审核中的作用
    - 自动检测和过滤不当内容的方法

3. **数据挖掘与分析**
   - 大数据处理和分析技术
   - 发现隐藏趋势和模式的应用实例
4. **多媒体内容生成**
   - 图像、音频和视频的自动生成技术
   - 多媒体新闻报道的创新应用

第三章：AIGC技术在新闻采编中的优势

1. **提高新闻生产效率**
   - 快速生成新闻稿件
   - 减轻记者工作负担
2. **丰富新闻内容多样性**
   - 多种类型内容的生成
   - 提升读者的阅读体验
3. **增强数据支持**
   - 处理大量数据的能力
   - 发现隐藏的趋势和模式

第四章：AIGC技术在新闻采编中的局限

1. **新闻质量的挑战**
   - 事实错误和逻辑漏洞
   - 复杂性和深度报道的不足
2. **新闻伦理的考量**
   - 新闻真实性和原创性的问题
   - 伦理审查和责任归属
3. **技术依赖的风险**
   - 过度依赖AIGC技术的隐患
   - 技能退化和职业发展的影响

第五章：案例分析

1. **国内外新闻媒体的应用案例**
   - 成功案例分析
   - 失败案例分析
2. **用户和从业人员的反馈**
   - 问卷调查结果
   - 深度访谈记录

第六章：对策与建议

1. **合理利用AIGC技术**
   - 结合传统新闻采编的优势
   - 加强技术监管和伦理规范
2. **提升从业人员素质**
   - 培训和技术支持
   - 职业道德教育
3. **政策与法规支持**
   - 政府和行业协会的角色
   - 制定相关标准和规范

结论

- **总结研究发现**
- **提出未来研究方向**
- **强调AIGC技术在新闻采编中的前景和挑战**

参考文献

- **相关学术文献**
- **政策文件和行业报告**
- **新闻报道和技术文章**

附录

- **问卷调查表**
- **深度访谈提纲**
- **数据统计和分析结果**

这个大纲涵盖了AIGC技术在新闻采编中的各个方面，从技术概述到具体应用，再到优势和局限，以及对策建议，为您的论文撰写提供了详细的框架。希望这对您的研究有所帮助。如有需要进一步调整或补充，欢迎告知。

至此，论文的骨架基本建立，详细内容部分同样可以通过继续提问通义进而继续撰写，但是本书作者不建议采用这种方式完成整篇论文的撰写。首先，撰写论文需要对研究主题进行深入的理解和分析，涉及对复杂概念、理论和现象的阐释与探讨。人类研究者能够运用批判性思维，对各种信息来源进行评估、质疑和整合，从而构建出具有逻辑性和说服力的论证体系。这种深度的认知和思考能力是基于人类长期积累的知识、经验以及独特的思维模式，而AI目前在这方面的表现相对有限。其次，优秀的论文往往需要展现出作者的创造力和独特视角，能够提出新颖的研究问题、方法或见解，从而为学术领域带来新的知识贡献。人类具有丰富的想象力和创造力，能够从个人经历、文化背景、跨学科知识融合等多个维度获取灵感，发现研究中的新切入点或创新点。而AI主要基于已有的数据和模式进行学习和生成，其输出往往缺乏人类那种独特的创新思维和个性化表达。最后，论文写作涉及知识产权、学术诚信等重要的伦理问题。

小结

AIGC能够协助我们快速进行选题，提供撰写的方向与思路，协助我们完成论文基础框架的搭建。

更多小技巧

在撰写论文时，经常需要到处找参考文献，我们可以通过通义赋能完成。如试试输入“提供参考文献”的指令，根据本篇论文第四章“AIGC技术在新闻采编中的局限”的参考文献部分的内容，提供10篇相关参考文献。

2．文档分析

我们下载了一份世界知识产权组织发布的关于AI专利的报告，文档为PDF格式，文件名为“Generative AI-PLR EN_WEB2.pdf”，全文都为英文，我们看看如何通过通义，快速地完成文档的总结以及新闻稿件的生成。

上述报告封面

在通义指令输入框的左边区域，我们点击按钮，选择上传文档，将我们下载的PDF文档，选中并上传，上传成功后，在指令输入框中，输入以下提示词：

> 分析这份材料，总结出相关的要点。

通义分析结果如下图：

1 份文档阅读完成

《生成式人工智能专利景观报告》要点总结

1. 报告背景与目的

- **报告目的**：该报告由世界知识产权组织（WIPO）发布，旨在分析生成式人工智能（Generative AI）领域的专利活动，提供技术发展趋势和创新热点的洞察。
- **许可协议**：报告采用Creative Commons Attribution 4.0 International许可，允许用户在注明出处的情况下自由使用、分发和改编内容。

2. 专利指标与分析方法

- **发明人位置**：发明人的地理位置被用作创新源的代理指标。对于有多位发明人的专利，会统计不同地点的发明人，并且同一地点的多位发明人只计一次。
- **专利申请人/所有者**：专利申请人可以是组织或个人，申请人不一定是发明人。专利的所有权可能会随着时间变化，因此报告使用了"最终所有者"概念来分析专利的所有权。
- **专利家族**：专利家族是指涵盖相同或类似技术内容的一系列专利申请，共享一个或多个优先权文件。报告主要使用简单专利家族进行分析，除非另有说明。
- **国家/地区**：报告按国家/地区分类，分析了各地区的创新活动和专利申请情况。

3. 生成式人工智能的技术领域

- **扩散模型**：生成式AI技术的一种，用于生成高质量的图像和其他数据。
- **变分自编码器（VAE）**：一种生成模型，用于生成图像、文本等数据。
- **自回归模型**：一种生成模型，常用于序列数据的生成，如文本和语音。
- **大型语言模型（LLMs）**：如GPT-3、ChatGPT、GPT-4等，用于生成高质量的自然语言文本。
- **其他技术**：还包括生成对抗网络（GAN）、深度生成模型、文本到图像生成模型等。

4. 应用场景

- **算法发现**：生成式AI在算法发现中的应用。

- **分析师工具**：生成式AI为分析师提供的工具和方法。
- **分析任务**：生成式AI在数据分析和处理中的应用。
- **应用设计与创建**：生成式AI在应用程序设计和创建中的应用。
- **架构设计**：生成式AI在建筑设计和城市规划中的应用。
- **账务管理**：生成式AI在账务管理和财务分析中的应用。
- **脑机接口**：生成式AI在脑信号转换为图像或文本中的应用。
- **业务运营**：生成式AI在业务流程优化和运营管理中的应用。
- **聊天机器人**：生成式AI在聊天机器人和虚拟助手中的应用。
- **计算机交互**：生成式AI在人机交互中的应用。
- **合同分析**：生成式AI在法律合同分析中的应用。
- **客户体验**：生成式AI在创建和优化客户体验中的应用。
- **网络安全**：生成式AI在网络安全和威胁检测中的应用。
- **设计到代码转换**：生成式AI在将设计直接转换为代码中的应用。
- **DNA预测**：生成式AI在基因组学和DNA预测中的应用。
- **文档到文本转换**：生成式AI在将文档转换为文本中的应用。
- **药物研发**：生成式AI在药物发现和设计中的应用。
- **尽职调查与诉讼**：生成式AI在法律尽职调查和诉讼中的应用。
- **教育**：生成式AI在教育和在线学习中的应用。
- **电子邮件生成**：生成式AI在自动生成电子邮件中的应用。
- **事实核查**：生成式AI在事实核查和信息验证中的应用。
- **游戏设计与创建**：生成式AI在游戏设计和开发中的应用。

5. **行业应用**

- **军事**：涉及军事、战争、战术、武器等领域的应用。
- **教育**：涉及教育、在线学习、学习管理系统等领域的应用。
- **文档管理与出版**：涉及文档管理、编辑、出版等领域的应用。
- **个人设备与计算**：涉及个人电脑、触摸屏、用户界面等领域的应用。
- **银行与金融**：涉及金融科技、银行业务、保险、交易等领域的应用。
- **物理科学**：涉及物理、化学、地球科学、天文学等领域的应用。
- **生命与医学科学**：涉及生物学、医疗保健、基因组学、蛋白质组学等领域的应用。
- **电信**：涉及电信、电话、无线通信、卫星通信等领域的应用。
- **交通**：涉及交通运输、航空航天、汽车、铁路等领域的应用。
- **能源管理**：涉及能源管理、电力系统等领域的应用。

6. **数据来源与分析工具**

- **数据来源**：报告使用了IFI Claims全球专利数据库和The Lens等开源工具进行数据分析。
- **查询方法**：通过标题、摘要、关键词、研究领域等多维度进行科学出版物的查询和分析。

总结

该报告全面分析了生成式人工智能领域的专利活动和技术发展趋势，涵盖了从基础技术到具体应用的多个方面。通过对专利家族、申请人、技术领域和应用场景的详细分析，为研究者、企业和政策制定者提供了宝贵的参考。

短短1分钟，通义就完成了对文档的阅读、翻译以及总结的工作，这样我们可以快速地了解文档内容。

接着，我们要对这篇材料进行背景的了解，输入提示词：

这份报告发布的背景是什么。

通义给出的回答如下图：

1 份文档阅读完成

《生成式人工智能专利景观报告》发布的背景

1. 技术进步与应用广泛

- **生成式人工智能（Generative AI, GenAI）的快速发展**：自2017年以来，生成式AI技术取得了显著进展，尤其是在大型语言模型（LLMs）、生成对抗网络（GANs）和自回归模型等方面。这些技术的发展极大地推动了各种实际应用的实现，如自然语言处理、图像生成、视频生成等。
- **公众关注的增加**：2022年11月，OpenAI发布了ChatGPT，引起了公众对生成式AI的广泛关注。ChatGPT被描述为生成式AI的"iPhone时刻"，因为它使普通用户也能轻松访问和使用先进的AI技术。

2. 专利和科学出版物的快速增长

- **专利活动的显著增长**：自2017年以来，生成式AI领域的专利申请数量急剧增加，从2014年的733个专利家族增长到2023年的超过14,000个专利家族，增幅超过800%。
- **科学出版物的爆发式增长**：科学出版物的数量也大幅增加，从2014年的116篇增长到2023年的超过34,000篇，其中2023年占所有科学出版物的45%以上。

3. 商业投资的激增

- **企业投资**：随着技术的进步，大型科技公司和风险投资机构纷纷加大对生成式AI的投资，推动了该领域的快速发展。例如，OpenAI、Meta（Facebook）、Google等公司都在积极研发和推出生成式AI产品。
- **市场竞争**：生成式AI领域的竞争日益激烈，各大公司和研究机构都在争夺技术领先地位。

4. 法律和伦理问题的显现

- **版权和侵权问题**：随着生成式AI技术的广泛应用，版权和侵权问题逐渐显现。例如，2023年12月，Axel Springer与OpenAI达成协议，而《纽约时报》则起诉OpenAI和微软侵犯版权。
- **伦理和隐私问题**：生成式AI在数据使用、用户隐私和内容生成等方面的伦理问题也引起了广泛关注。这些问题的解决对生成式AI的健康发展至关重要。

5. 政策和监管的需求

- **政策制定**：随着生成式AI技术的快速发展，政策制定者需要科学依据来制定合理的政策和法规，以促进技术的健康发展。
- **监管需求**：生成式AI技术的广泛应用带来了新的监管挑战，需要建立相应的监管机制来保护用户权益和维护市场秩序。

总结

《生成式人工智能专利景观报告》在生成式AI技术快速发展的背景下发布，旨在通过详尽的专利和科学出版物分析，提供技术发展趋势和创新热点的洞察。报告不仅反映了生成式AI领域的技术进步和应用广泛，还揭示了专利活动和科学出版物的快速增长，以及商业投资的激增。同时，报告也关注了法律和伦理问题的显现，为政策制定者和监管机构提供了科学依据，帮助他们制定合理的政策和法规，促进生成式AI的健康发展。

接着了解这份材料的实际意义在哪里，输入提示词：

这份报告有什么实际的意义？

得到的回答如下图所示：

1 份文档阅读完成

《生成式人工智能专利景观报告》的实际意义

1. **提供技术趋势和创新热点的洞察**

- **技术发展动态**：报告详细分析了生成式AI领域的技术发展动态，包括各种生成模型（如GANs、LLMs、VAEs等）及其应用场景。这对于研究者和企业来说，提供了最新的技术进展和研究方向，帮助他们及时了解和把握技术前沿。
- **创新热点**：报告揭示了当前生成式AI领域的创新热点，如大型语言模型、图像生成、视频生成等，为研究者和企业提供明确的研究和开发方向。

2. **指导企业和政策制定者**

- **专利战略**：报告提供了详细的专利分析，帮助企业了解竞争对手的专利布局，制定有效的专利战略。这对于企业在市场竞争中占据有利地位至关重要。
- **投资决策**：报告的数据和分析有助于投资者做出明智的投资决策，识别具有潜力的生成式AI项目，降低投资风险。
- **政策制定**：报告为政策制定者提供了科学依据，帮助他们制定合理的政策和法规，促进生成式AI的健康发展。例如，报告可以为版权保护、数据隐私和伦理监管提供参考。

3. **促进学术研究和国际合作**

- **学术研究**：报告汇总了大量的科学出版物和专利数据，为学术研究提供了丰富的资源和参考。研究者可以利用这些数据进行更深入的研究，推动理论和技术的创新。
- **国际合作**：报告展示了全球范围内的创新活动，促进了国际间的合作与交流。这有助于不同国家和地区之间的技术共享和协同创新，推动生成式AI技术的全球发展。

4. **应对法律和伦理挑战**

- **版权和侵权**：报告分析了生成式AI在版权和侵权方面的法律问题，为相关方提供了解决问题的思路和建议。例如，报告可以为法律专业人士提供案例分析和解决方案，帮助企业在使用生成式AI技术时避免法律纠纷。

- **伦理和隐私**：报告讨论了生成式AI在伦理和隐私方面的挑战，提出了相应的对策和建议。这有助于企业和研究者在技术发展中更好地平衡利益和责任，确保技术的负责任使用。

5. 推动行业应用和商业化

- **行业应用**：报告详细介绍了生成式AI在各个行业的应用，如教育、医疗、金融、娱乐等。这为行业从业者提供了具体的实践案例和应用思路，帮助他们在各自的领域内更好地利用生成式AI技术。
- **商业化**：报告分析了生成式AI技术的商业化路径和市场潜力，为创业者和企业家提供了宝贵的市场洞察。这有助于他们抓住市场机会，推动技术的商业化应用。

总结

《生成式人工智能专利景观报告》通过详尽的专利和科学出版物分析，为研究者、企业和政策制定者提供了多方面的实际意义。报告不仅揭示了技术发展的最新动态和创新热点，还帮助各方应对法律和伦理挑战，促进了学术研究和国际合作，推动了生成式AI技术的健康和可持续发展。

我们了解了这份材料的基本内容，要点、背景以及意义之后，再通过调整提示词，让通义生成一篇新闻稿。

输入提示词：

> 请结合上面的总结、背景、意义，写一篇新闻稿，要求专业、严谨，利用材料中的数据。

生成的新闻稿如下图所示：

1 份文档阅读完成

世界知识产权组织发布《生成式人工智能专利景观报告》：揭示技术趋势与创新热点

日内瓦，2024年11月23日 —— 世界知识产权组织（WIPO）近日发布了《生成式人工智能专利景观报告》（Generative Artificial Intelligence: Patent Landscape Report），该报告全面分析了生成式人工智能（Generative AI, GenAI）领域的专利活动和技术发展趋势。报告指出，自2017年以来，生成式AI技术取得了显著进展，特别是在大型语言模型（LLMs）、生成对抗网络（GANs）和自回归模型等方面，这些技术的发展极大地推动了各种实际应用的实现。

技术进步与应用广泛

生成式AI技术的快速发展引起了广泛关注。2022年11月，OpenAI发布了ChatGPT，这款生成式AI模型因其出色的自然语言处理能力被誉为生成式AI的"iPhone时刻"。ChatGPT的成功不仅吸引了大量用户，还推动了生成式AI技术在各个领域的应用，如自然语言处理、图像生成、视频生成等。

专利和科学出版物的快速增长

报告显示，生成式AI领域的专利活动显著增长。自2014年至2023年，生成式AI专利家族的数量从733个增长到超过14,000个，增幅超过800%。2023年，生成式AI专利家族的数量达到了14,358个，占总专利家族的45%以上。同时，科学出版物的数量也大幅增加，从2014年的116篇增长到2023年的超过34,000篇，其中2023年的科学出版物数量占所有科学出版物的45%以上。

商业投资的激增

随着技术的进步，大型科技公司和风险投资机构纷纷加大对生成式AI的投资。例如，OpenAI、Meta（Facebook）、Google等公司都在积极研发和推出生成式AI产品。生成式AI领域的竞争日益激烈，各大公司和研究机构都在争夺技术领先地位。报告显示，2023年，生成式AI领域的投资金额达到数十亿美元，显示出市场对这一技术的高度认可和期待。

法律和伦理问题的显现

生成式AI技术的广泛应用带来了新的法律和伦理挑战。版权和侵权问题逐渐显现，例如，2023年12月，Axel Springer与OpenAI达成协议，而《纽约时报》则起诉OpenAI和微软侵犯版权。此外，生成式AI在数据使用、用户隐私和内容生成等方面的伦理问题也引起了广泛关注。报告分析了这些法律和伦理问题，并提出了相应的对策和建议，帮助企业和研究者在技术发展中更好地平衡利益和责任。

政策和监管的需求

随着生成式AI技术的快速发展，政策制定者需要科学依据来制定合理的政策和法规，以促进技术的健康发展。报告为政策制定者提供了科学依据，帮助他们制定合理的政策和法规，促进生成式AI的健康发展。例如，报告可以为版权保护、数据隐私和伦理监管提供参考。

实际意义

《生成式人工智能专利景观报告》通过详尽的专利和科学出版物分析，为研究者、企业和政策制定者提供了多方面的实际意义。报告不仅揭示了技术发展的最新动态和创新热点，还帮助各方应对法律和伦理挑战，促进了学术研究和国际合作，推动了生成式AI技术的健康和可持续发展。

- **技术发展动态**：报告详细分析了生成式AI领域的技术发展动态，包括各种生成模型（如GANs、LLMs、VAEs等）及其应用场景，为研究者和企业提供了最新的技术进展和研究方向。
- **创新热点**：报告揭示了当前生成式AI领域的创新热点，如大型语言模型、图像生成、视频生成等，为研究者和企业提供明确的研究和开发方向。
- **专利战略**：报告提供了详细的专利分析，帮助企业了解竞争对手的专利布局，制定有效的专利战略，有助于企业在市场竞争中占据有利地位。
- **投资决策**：报告的数据和分析有助于投资者做出明智的投资决策，识别具有潜力的生成式AI项目，降低投资风险。
- **政策制定**：报告为政策制定者提供了科学依据，帮助他们制定合理的政策和法规，促进生成式AI的健康发展。

结论

《生成式人工智能专利景观报告》的发布，为生成式AI领域的研究者、企业和政策制定者提供了宝贵的参考和指导。报告通过详尽的数据分析，揭示了生成式AI技术的最新进展和创新热点，帮助各方应对法律和伦理挑战，促进了学术研究和国际合作，推动了生成式AI技术的健康和可持续发展。

关于世界知识产权组织（WIPO）
世界知识产权组织（WIPO）是联合国下属的一个专门机构，负责促进世界各地的知识产权保护和利用。WIPO通过制定国际条约、提供技术支持和开展研究等多种方式，推动全球知识产权体系的发展和完善。

联系方式
世界知识产权组织（WIPO）
地址：34, chemin des Colombettes, P.O. Box 18, CH-1211 Geneva 20, Switzerland
电话：+41 22 338 91 11
网址：https://www.wipo.int

这篇新闻资讯结合了报告的背景、意义和实际内容，提供了专业、严谨的分析，旨在帮助读者全面了解生成式人工智能领域的最新动态和未来发展。

小结

通义以其卓越的技术实力和广泛的应用潜力，正在逐步改变我们获取信息、创造价值的方式。未来，随着技术的进一步发展，通义将为更多的行业和个人带来便利，开启智慧生活的新篇章。阿里云将继续致力于技术创新，推动通义在更多领域的应用，助力社会数字化转型。

更多小技巧

对于经常使用的指令，可以在指令中心，通过新建指令，将常用的提示词设置为快捷指令，如：

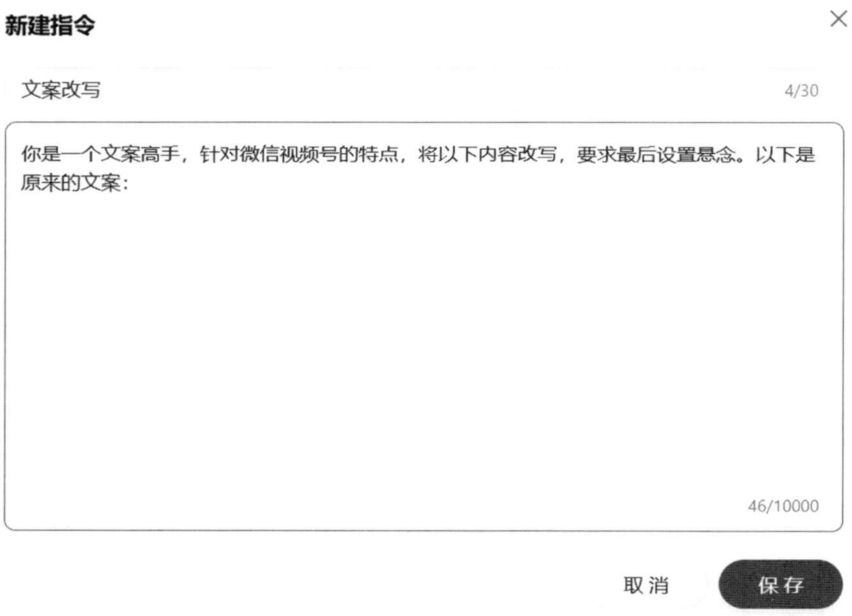

完成指令设定后，将提示词输入框中，输入“/”或同时按下“Ctrl+/”，可快捷调用指令。

四、字节跳动——豆包

豆包大模型是字节跳动研发的先进人工智能模型。它基于深度学习技术构建，能理解并生成自然流畅的文本。在多领域表现卓越，可进行精准的问答交互，为用户答疑解惑；能创作多种类型文本，如文章、诗歌、故事等，满足创作需求；还可助力信息分析与提取，提升信息处理效率。模型持续学习优化，以适应不断变化的应用场景，为教育、科研、文化等众多行业提供智能化支持与创新动力，推动数字化发展进程。

字节豆包

扫码查看字节豆包

豆包大模型网站二维码

（一）特点与优势

强大的语言理解能力：能够深入理解文本的语义、语法和语用信息，无论是复杂的专业文献还是日常口语表达，都能精准把握其中含义，从而提供准确且贴合语境的回应。

高度的语言生成能力：可以根据给定的主题或提示，生成逻辑清晰、语言优美、富有创意的文本，包括但不限于文章、故事、诗歌、对话等多种形式，风格多样且自然流畅。

广泛的知识储备：整合了海量的知识信息，涵盖了历史、科学、技术、文化、艺术等众多领域，能够在回答问题和生成内容时提供丰富全面的知识支撑，为用户拓宽知识视野。

持续学习与进化：不断吸收新的数据和知识，优化自身的模型参数和算法，以适应不断变化的语言使用习惯和新的知识领域，始终保持模型的先进性和有效性。

（二）应用场景

1．智能问答系统

在客服领域，能够快速解答用户关于产品或服务的各种疑问，提供24小时不间断的高效服务，提升用户满意度；在知识问答平台，为用户解答学术、生活、技术等方面的各类问题，促进知识交流与传播。

2．内容创作辅助

帮助作家、文案策划人员激发创作灵感，生成创意概念、故事梗概、文章大纲等，还可对初稿进行润色、优化语言表达，提高创作效率和质量；在自媒体创作中，为博主提供丰富的话题思路和内容素材，助力其产出更具吸引力的文章和视频脚本。

3．教育领域

作为智能辅导工具，为学生解答学习过程中的问题，提供个性化的学习指导和知识点讲解，帮助学生更好地理解和掌握知识；协助教师生成教学课件、设计教学活动、编写测试题等，减轻教师工作负担，提升教学效果。

4．商业智能分析

对市场调研报告、用户反馈数据、社交媒体数据等进行分析挖掘，提取有价值的信息，为企业的市场定位、产品研发、营销策略制定等提供数据支持和决策依据，助力企业在激烈的市场竞争中取得优势。

（三）实际应用案例

1. 智能写作助手

我们同样采用多轮对话的方式，使用智能写作助手，让豆包为我们完成一篇旅游文章，并给出相应的旅游攻略。

第一步，打开浏览器，在网址输入框中输入https://www.doubao.com/，打开豆包首页。选择网页右上角的登录按钮，登录豆包大模型。

豆包大模型首页

第二步，在豆包的网页下方指令输入框中输入以下提示词：

> 你是一个旅游博主，请为一篇介绍广东潮汕旅游的文章写一个开头，要提到潮汕地区的独特魅力和对游客的吸引力。

豆包生成了下图所示的文案：

在岭南大地的东南一隅，潮汕宛如一颗隐匿于尘世喧嚣中的璀璨明珠，散发着令人难以抗拒的独特魅力。这里，古老的文化传承如同一曲悠扬的千年古乐，从未间断；精致的美食盛宴恰似一场舌尖上的狂欢派对，撩拨着每一位食客的味蕾神经；而那浓郁的民俗风情，则仿若一幅色彩斑斓、生动鲜活的民俗画卷，徐徐展开在世人眼前。潮汕，这个充满神秘与诱惑的地方，正以它独有的魔力，召唤着五湖四海的游客前来探寻，去领略那岁月沉淀下的无尽风华，开启一场别具一格的心灵之旅。

第三步，我们继续提问，在上面的开头基础上，增加对特色美食的介绍，我们输入以下提示词：

接着上面的内容，请详细介绍一下潮汕的美食特色。要求兼顾潮汕各个地区的特色。

新生成的内容如下：

基于 12 个搜索来源

潮汕美食以其独特的风味和丰富的品种而闻名于世。以下是一些潮汕美食的介绍：

1. **潮汕牛肉火锅**：以新鲜的牛肉为主要食材，搭配特制的酱料，味道鲜美 [5] 。
2. **潮汕肠粉**：肠粉皮薄如纸，晶莹剔透，搭配烧腊、虾肉等多种馅料，再淋上特制的酱料，口感细腻，味道鲜美 [5] 。
3. **潮汕牛肉丸**：选用上等的牛肉，经过精细的剁碎和搅拌，再加入适量的调料和淀粉制成。煮熟后的牛肉丸外皮紧致，内里弹滑，咬一口便能感受到肉质的细腻和浓郁的肉香 [6] 。
4. **潮汕卤味**：潮汕卤味以其独特的卤制工艺和浓郁的香味而闻名。卤味包括卤鹅、卤鸭、卤猪手等，口感鲜嫩，味道浓郁 [6] 。
5. **潮汕蚝烙**：以新鲜的蚝仔为主料，配以淀粉、蛋液等多种材料煎至金黄色。外酥里嫩的口感和蚝仔的鲜美相得益彰，风味独特 [5] 。
6. **潮汕粿品**：粿品是潮汕地区的传统小吃之一，包括红桃粿、鼠壳粿、菜头粿等。粿品的外皮软糯，内馅丰富，味道鲜美。
7. **潮汕砂锅粥**：选用优质大米和海鲜（如虾、蟹、鱼片）或肉类慢炖而成，粥底绵密，食材鲜美，暖胃又暖心 [5] 。
8. **潮汕甜品**：潮汕甜品以其清甜爽口而受到人们的喜爱，包括绿豆爽、红豆沙、芋泥等。
9. **潮汕小吃**：潮汕小吃种类繁多，包括咸水粿、反沙芋头、炸粿肉等。这些小吃口感酥脆，味道香甜，是潮汕美食的重要组成部分 [4] 。

以上只是潮汕美食的一部分，还有许多其他的特色美食等待你去发现。无论你是喜欢海鲜、肉类还是甜品，潮汕都能满足你的味蕾需求

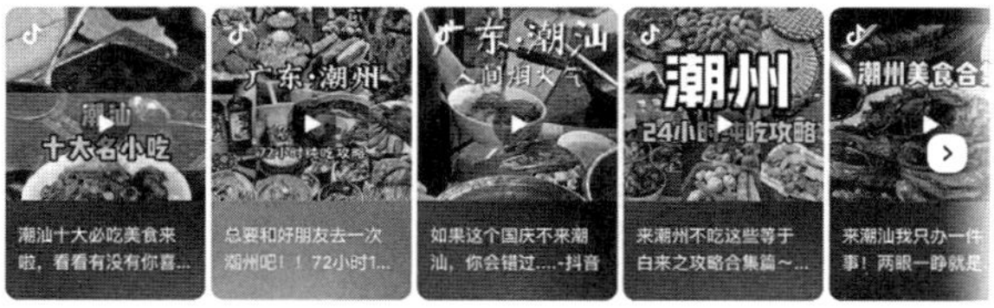

。

深入搜索

第四步，我们接着与豆包对话，在输入框中输入：

在文章中加入对潮汕美食文化历史背景的介绍。

豆包给出了如下图所示的文章：

在岭南大地的东南一隅，潮汕宛如一颗隐匿于尘世喧嚣中的璀璨明珠，散发着令人难以抗拒的独特魅力。这里，古老的文化传承如同一曲悠扬的千年古乐，从未间断；精致的美食盛宴恰似一场舌尖上的狂欢派对，撩拨着每一位食客的味蕾神经；而那浓郁的俗风情，则仿若一幅色彩斑斓、生动鲜活的民俗画卷，徐徐展开在世人眼前。潮汕，这个充满神秘与诱惑的地方，正以它独有的魔力，召唤着五湖四海的游客前来探寻，去领略那岁月沉淀下的无尽风华，开启一场别具一格的心灵之旅。

潮汕美食文化源远流长，其历史可追溯至古代中原地区的饮食传统。潮汕地区的先民多为中原移民，他们带来了先进的农耕技术和饮食文化，并在潮汕这片土地上与当地的海洋文化、岭南文化相互交融，逐渐形成了独具特色的潮汕美食体系。

潮汕美食以其独特的风味和丰富的品种而闻名于世。先来说说潮汕牛肉火锅，这一美食在潮汕地区可谓家喻户晓。其历史与潮汕地区的农耕和畜牧业发展紧密相连，潮汕人对牛肉品质的严苛要求以及独特的切肉技艺，让每一片牛肉在滚烫的牛骨清汤中涮煮片刻后，都能呈现出鲜嫩多汁的口感，再搭配上由沙茶酱等调制而成的特色酱料，那味道堪称一绝。

潮汕肠粉也是极具代表性的美食。它的起源虽众说纷纭，但无疑是潮汕人民智慧的结晶。肠粉皮薄如纸，晶莹剔透，早期多搭配猪肉、鸡蛋等馅料，如今随着时代发展，在不同地区又有了创新，如在汕头市区常搭配虾仁、牛肉等，再淋上特制的由酱油、猪油等调配的酱料，口感细腻，味道鲜美，成为潮汕人早餐桌上的常客。

潮汕牛肉丸更是名声远扬。相传源于客家地区，后经潮汕人改良。选用上等的牛肉，经过精细的剁碎和搅拌，再加入适量的调料和淀粉制成。煮熟后的牛肉丸外皮紧致，内里弹滑，咬一口便能感受到肉质的细腻和浓郁的肉香，其制作工艺的讲究和对食材的挑剔，充分体现了潮汕人对美食品质的执着追求。

潮汕卤味以其独特的卤制工艺和浓郁的香味而闻名。卤味包括卤鹅、卤鸭、卤猪手等。其历史与潮汕地区的祭祀文化息息相关，早期是为了祭祀祖先而精心烹制，后来逐渐走入寻常百姓家。制作卤味的卤水配方多为家族传承，各种香料与食材在长时间的卤煮过程中相互交融，使得卤味口感鲜嫩，味道浓郁，每一口都饱含着岁月的醇厚。

潮汕蚝烙，以新鲜的蚝仔为主料，配以淀粉、蛋液等多种材料煎至金黄色。潮汕地区靠海，蚝仔资源丰富，这道菜也应运而生。外酥里嫩的口感和蚝仔的鲜美相得益彰，风味独特，是潮汕沿海居民喜爱的传统美食之一，也见证了潮汕人与海洋的紧密联系。

潮汕粿品是潮汕地区的传统小吃之一，包括红桃粿、鼠壳粿、菜头粿等。粿品最初与潮汕的民俗节日和祭祀活动密切相关，不同的节日有特定的粿品制作。如红桃粿常用于喜庆节日，其形状如桃子，寓意吉祥长寿。粿品的外皮软糯，内馅丰富，味道鲜美，制作过程中融入了潮汕人对传统习俗的敬重与传承。

潮汕砂锅粥选用优质大米和海鲜（如虾、蟹、鱼片）或肉类慢炖而成。潮汕地区河海交汇，物产丰富，为砂锅粥提供了丰富的食材来源。粥底绵密，食材鲜美，暖胃又暖心，无论是夜宵还是早餐，都是绝佳的选择，体现了潮汕人对食材鲜美的极致追求和对生活品质的注重。

潮汕甜品以其清甜爽口而受到人们的喜爱，包括绿豆爽、红豆沙、芋泥等。这些甜品多以当地的豆类、根茎类作物为原料，经过精心熬煮、研磨等工序制作而成。它们常常出现在潮汕人的饭后或下午茶时光，反映了潮汕人对生活中甜蜜滋味的向往与热爱。

潮汕小吃种类繁多，包括咸水粿、反沙芋头、炸粿肉等。这些小吃的诞生往往与当地的物产和生活习惯相关，口感酥脆，味道香甜，是潮汕美食的重要组成部分，也承载着潮汕人民一代又一代的美食记忆。

潮汕美食文化不仅仅是一道道美味佳肴，更是潮汕地区历史、文化、民俗的生动写照，每一种美食背后都有着深厚的底蕴等待游客去细细品味。

第五步，我们让豆包再将旅游文章更加丰满，输入提示词：

> 接上内容，再讲讲潮汕的景点吧，比如潮州的牌坊街、汕头的小公园之类的。

随后生成的内容如下：

基于 8 个搜索来源

除了美食，潮汕还有许多值得一游的景点：

- **潮州**：
  - **潮州古城**：潮州古城有着悠久的历史和丰富的文化遗产，漫步其中，能感受到古老与现代的完美结合。古城内的广济桥、韩文公祠、牌坊街等著名景点，更是能让游客领略到潮州传统文化的魅力 [2] 。
  - **开元寺**：这座建于唐玄宗开元十六年的寺庙，是粤东地区规模最大的佛寺，也是全国重点文物保护单位。整座寺庙现占地 30 多亩，是一组宫殿式的四合院建筑群，带有宋、元、明、清的建筑风格和艺术特色 [1] 。
  - **广济桥**：俗称湘子桥，位于潮州古城东门楼外，曾被著名桥梁专家茅以升誉为“世界上最早的启闭式桥梁”。它集梁桥、拱桥和浮桥于一体，结构独特，是潮州古城的标志性景点之一 [2] 。
  - **韩文公祠**：在潮州市韩江东岸笔架山麓，为纪念韩愈而建。原韩祠始建于宋真宗咸平二年，由潮州通判陈尧佐于金山麓夫子庙正室东厢辟建“韩吏部祠”。南宋淳熙十六年，知军州事丁允元认为，韩公常游于韩江东岸笔架山并于此手植橡木，遂将城南七里的韩文公祠迁至今址 [1] 。
  - **牌坊街**：潮州牌坊街以牌坊成名，相传之前潮州古城曾有牌坊 91 座，仅太平路就有 39 座，大多为明清时期所建。这些牌坊多为明清时期所建，上面刻有表彰忠孝节义、功德、科第等内容的文字。
- **汕头**：
  - **汕头小公园**：汕头小公园是汕头老城的核心地标和文化标志，这里有许多历史建筑和文化遗产，是游客了解汕头历史和文化的重要场所。
  - **南澳岛**：南澳岛是广东省内最大也是唯一的海岛县，拥有美丽的海滩、清澈的海水、丰富的海洋生物资源，以及长山尾炮台、总兵府、雄镇关等历史遗址，被誉为“东方夏威夷” [4] 。
  - **陈慈黉故居**：陈慈黉故居位于汕头市澄海区隆都镇前美村，由陈慈黉家族兴建而成，是广东省省级文物重点保护单位。它有着潮汕富贵人家典型的“驷马拖车”格局，被称为“岭南第一侨宅”。
- **揭阳**：
  - **揭阳学宫**：揭阳学宫又称“孔庙”“文庙”“红学”，始建于南宋绍兴十年（1140 年），浓缩了千年儒家文化精髓，是岭南地区规模最大、配套建筑最完善、保存最完整的同类历史建筑组群，也是省内唯一一处以“周恩来同志革命活动旧址”命名的文保单位。
  - **进贤门**：进贤门是揭阳古城的标志性建筑，始建于明朝天启元年（1621 年），因通抵学宫，取增进贤士之意，故名“进贤门”。
  - **黄岐山**：黄岐山位于揭阳市区北 4 公里，主峰海拔 293.1 米，总面积 1180 公顷。黄岐山是揭阳历史文化名城的一个象征，自古以“黄岐夕翠”列为揭阳八景之一。
  - **揭阳楼**：揭阳楼位于揭阳市区东入口，取法汉代形式，高达 38 米，有望成为具有历史象征意义的城市地标。
- **汕尾**：
  - **红海湾**：红海湾是一个半封闭的海湾，有着独特的自然风光和人文景观。这里的沙滩细腻柔软，海水清澈见底，是一个度假休闲的好去处。

- **玄武山**：玄武山位于汕尾市陆丰市碣石镇，是佛道两教合一的宗教活动场所，也是汕尾市著名的风景名胜区。
- **金厢滩**：金厢滩是一个以海滩、礁石、海岛为主要景观的旅游胜地，有着“粤东黄金海岸”的美誉

。

深入搜索

第六步，我们让豆包提供旅游攻略和预算。在指令输入框中输入：

> 接着上面的内容，请提供一个5天的潮汕旅游攻略和相应的预算。

豆包给出的结果如下图所示：

基于 7 个搜索来源

好的，以下是一个 5 天的潮汕旅游攻略和相应的预算：

一、行程安排

- **第一天**：潮州
  - **上午**：抵达潮州，前往酒店办理入住手续。
  - **中午**：在酒店附近的餐馆品尝潮州美食，如潮州牛肉丸、潮州卤味等。
  - **下午**：游览潮州古城，参观潮州牌坊街、广济桥、开元寺等景点。
  - **晚上**：在潮州古城内的夜市品尝当地小吃，如肠粉、粿条汤等。
- **第二天**：潮州
  - **上午**：前往潮州韩文公祠，了解韩愈在潮州的历史和文化。
  - **中午**：在韩文公祠附近的餐馆品尝潮州美食，如潮州鱼生、潮州砂锅粥等。
  - **下午**：游览潮州西湖公园，欣赏湖光山色。
  - **晚上**：在潮州西湖公园附近的餐馆品尝潮州美食，如潮州炒粿条、潮州蚝烙等。
- **第三天**：汕头
  - **上午**：前往汕头，前往酒店办理入住手续。
  - **中午**：在酒店附近的餐馆品尝汕头美食，如汕头牛肉火锅、汕头肠粉等。

- **下午**：游览汕头小公园，参观汕头开埠文化陈列馆、汕头邮政总局大楼等景点。
- **晚上**：在汕头小公园内的夜市品尝当地小吃，如汕头豆花、汕头绿豆糕等。

- **第四天**：汕头
  - **上午**：前往汕头南澳岛，游览南澳岛的自然风光，如青澳湾、金银岛等。
  - **中午**：在南澳岛的餐馆品尝海鲜大餐。
  - **下午**：继续游览南澳岛的景点，如总兵府、宋井等。
  - **晚上**：在南澳岛的海滩上欣赏日落，品尝当地小吃。
- **第五天**：揭阳
  - **上午**：前往揭阳，前往酒店办理入住手续。
  - **中午**：在酒店附近的餐馆品尝揭阳美食，如揭阳粿条、揭阳牛肉丸等。
  - **下午**：游览揭阳学宫、揭阳城隍庙等景点。
  - **晚上**：在揭阳学宫附近的餐馆品尝揭阳美食，如揭阳炒笋粿、揭阳鱼饭等。

- **交通费用**：根据出发地的不同，交通费用会有所差异。一般来说，往返潮汕的交通费用在 500-1000 元之间。
- **住宿费用**：潮汕地区的酒店价格相对较低，一般在 100-300 元之间。如果选择青年旅社或民宿，价格会更加便宜。
- **餐饮费用**：潮汕地区的美食种类繁多，价格也相对较低。一般来说，每天的餐饮费用在 100-200 元之间。
- **门票费用**：潮汕地区的景点门票价格相对较低，一般在 50-100 元之间。
- **其他费用**：其他费用包括购物、娱乐等，根据个人的消费习惯而定。

三、注意事项

- 潮汕地区气候湿润，夏季气温较高，注意做好防晒和保湿措施。
- 潮汕地区的美食以海鲜和牛肉为主，注意饮食卫生，避免食物中毒。
- 潮汕地区的交通相对较为拥堵，建议选择公共交通工具或租车出行。
- 潮汕地区的文化底蕴深厚，注意尊重当地的风俗习惯和宗教信仰。

以上是一个 5 天的潮汕旅游攻略和相应的预算，你可以根据自己的实际情况进行调整。希望你在潮汕度过一个愉快的假期

!

深入搜索

最后，我们将上面几轮对话的内容，根据上下文的逻辑，让豆包将内容合并，形成最后的文章。在指令输入框中输入以下提示词：

按上述的内容，完成对文章的提炼和润色。

豆包生成了一篇新的文章：

《潮汕：美食与美景交织的岭南宝藏之旅》

在岭南东南一隅，潮汕仿若一颗隐匿尘世的明珠，散发着无尽魅力。这里，古老文化传承如悠扬古乐，民俗风情似斑斓画卷，而美食盛宴更是如舌尖狂欢，吸引着各地游客前来探寻其独特风华。

潮汕美食文化源远流长，可追溯至中原先民南迁带来的饮食传统，经与当地海洋、岭南文化交融，自成一格。潮汕牛肉火锅，与当地畜牧业发展紧密相连，鲜美的牛肉在牛骨清汤中轻涮，搭配沙茶酱，鲜嫩多汁；肠粉，其起源虽说法不一，但薄如纸的粉皮搭配多样馅料与特制酱料，口感细腻，是早餐桌上的经典；牛肉丸源于客家，经潮汕人改良，以精细工艺制成，弹牙的口感彰显对品质的执着；卤味与祭祀文化相关，家族传承的卤水配方让卤鹅、卤鸭等鲜嫩浓郁；蚝烙依海而生，蚝仔的鲜美与酥脆外皮完美融合；粿品与民俗节日、祭祀活动相伴，红桃粿等不同粿品各具特色，软糯外皮与丰富内馅传递着传统习俗；砂锅粥借河海交汇的丰富食材，慢炖出绵密与鲜美；甜品以当地作物为料，清甜爽口，是闲暇时光的美好点缀；各类小吃则是物产与生活习惯的结晶，酥脆香甜，承载着潮汕人的美食记忆。

潮汕的景点同样魅力非凡。在潮州，潮州古城宛如历史的时光宝盒，广济桥如"世界上最早的启闭式桥梁"的明珠，韩文公祠纪念着韩愈的功绩，牌坊街的众多牌坊诉说着往昔故事，开元寺尽显佛教建筑的古韵与庄严。汕头的小公园是老城核心，南澳岛有迷人海滩与丰富海洋资源，还有陈慈黉故居展现潮汕侨宅的独特风貌。揭阳的揭阳学宫浓缩千年儒家文化，进贤门是古城标志性建筑，黄岐山风景秀丽，揭阳楼则有望成为城市新地标。汕尾的红海湾自然风光独特，玄武山是佛道胜地，金厢滩享有"粤东黄金海岸"美誉。

以下是一份 5 天的潮汕旅游攻略：

第一天，抵达潮州，入住酒店后，中午品尝潮州牛肉丸、卤味等美食。下午漫步潮州古城，穿梭于牌坊街，欣赏广济桥的独特构造，参观开元寺。晚上在古城夜市尽情享受肠粉、粿条汤等小吃。

第二天，上午前往韩文公祠感受历史文化底蕴，中午品尝潮州鱼生、砂锅粥。下午踱步潮州西湖公园，赏湖光山色，晚上在周边品尝炒粿条、蚝烙等美味。

第三天，奔赴汕头办理入住后，中午享用汕头牛肉火锅、肠粉。下午深入汕头小公园，参观开埠文化陈列馆与邮政总局大楼，晚上在小公园夜市品味豆花、绿豆糕等特色小吃。

第四天，前往汕头南澳岛，上午领略青澳湾、金银岛的自然风光，中午大啖海鲜大餐。下午继续探索总兵府、宋井等景点，傍晚在海滩静赏日落，品尝当地特色小食。

第五天，到达揭阳入住酒店，中午尝试揭阳粿条、牛肉丸。下午参观揭阳学宫与城隍庙，晚上在学宫附近品味炒笋粿、鱼饭等佳肴。

预算方面，交通费用因出发地而异，大致在 500 - 1000 元。住宿价格较为亲民，每晚 100 - 300 元。餐饮费用每天约 100 - 200 元，景点门票多在 50 - 100 元。其他购物、娱乐费用则依个人消费习惯而定。

来潮汕旅行，需留意当地湿润气候与夏季高温，做好防晒保湿。美食以海鲜和牛肉为主，要关注饮食卫生。交通有时拥堵，可优先选择公共交通或租车。同时，尊重当地深厚的文化底蕴、风俗习惯与宗教信仰，如此方能尽情畅享潮汕之旅，感受这片土地的独特魅力与风情。

我们通过与豆包的多轮对话，成功获取了一份详细且实用的潮汕地区旅游计划。内容涵盖潮州、汕头等地著名景点，如牌坊街、小公园等，每日行程规划合理。这份计划同时明确了相应预算，包括交通、住宿、餐饮等各项费用的大致范围，为前往潮汕旅游提供了全面参考，让出行准备更加高效有序，助力游客畅享潮汕之旅。

2．智能分析报告

接下来，我们使用豆包做一份分析报告，同样以多轮对话的方式，完成对淘宝、京东、拼多多电商近期的数据分析报告。看看是怎么操作的。

第一步，在豆包页面指令的输入框中，输入以下提示词：

请收集淘宝、京东、拼多多最近6个月的主营品类的营销数据。

我们可以获得如下图所示的数据信息：

基于 12 个搜索来源

以下是淘宝、京东、拼多多最近 6 个月的主营品类的部分营销数据：

淘宝

- **618 期间（2024 年 5 月 20 日 20:00-6 月 18 日 23:59）**：据星图数据显示，美容护肤品类销售额达 261 亿元 [1] [2] .
- **9-10 月**：服装类目进入销售旺季，其中女装的销售总额较高，一些网红店铺、品牌旗舰店等销量增长明显。同时，秋季护肤需求增长，美容护肤品类中的保湿、修复类产品销量上升。
- **11 月**：双十一购物狂欢节期间，各品类销售数据大幅增长。家电类目，如海尔、美的等品牌的大家电销售额破亿；美妆个护品类中，欧莱雅、雅诗兰黛等国际大牌以及花西子、完美日记等国货品牌销量可观；服装类目，羽绒服、毛衣等秋冬装成为热门商品 [6] [12] .
- **12 月**：随着气温降低，保暖用品如保暖内衣、电热毯等销量上升；同时，圣诞节、元旦等节日将至，礼品类商品，如巧克力、首饰等需求增加。

京东

- **618 期间（2024 年 5 月 31 日 20:00-6 月 18 日 23:59）**：据星图数据显示，家用电器销售额为 756 亿元，京东在家用电器品类中销售额占比达到 60%，超 700 个家电家居品牌成交额同比增长超过 100%，超 70 个家电家居品牌的成交额突破亿元大关，美的、海尔、格力、小米等品牌成交额更是突破了 10 亿，云鲸、COLMO、Ulike、史密斯、雅萌等品牌成交额同比增长 100% 。热销商品品类包括嵌入式蒸烤箱一体机、超薄平嵌洗衣机、超薄平嵌油烟机、智能壁挂马桶、智能皮艺床、智能花洒、节能平板电视、节能电风扇等 [2] .
- **9-10 月**：数码产品迎来销售高峰，手机、电脑等电子产品更新换代，苹果、华为、小米等品牌的新品销量不俗；同时，秋季家装季，家居用品类目，如家具、家纺等产品销售额增长 [5] .
- **11 月**：京东家电再次发力，大家电品牌如海尔、美的等销量和销售额持续增长，其中洗衣机品类在 Q4 季度销量 / 销额双第一 。此外，图书音像类产品，因消费者在冬季阅读学习时间增加，销量也有所上升 [7] .
- **12 月**：保暖电器、羽绒服等保暖类产品销量大增；同时，食品生鲜类的腊味、干货等年货商品销售额逐渐攀升 [5] .

拼多多

- **618 期间（2024 年 5 月 23 日 - 6 月 18 日）**：家电品牌全品类销售规模同比增长 103%，实现翻倍增长；日化品类同比增长翻倍，联合利华登品类 top1；美妆全品类销量同比增长 122%，珀莱雅登美妆 top1 [8] .
- **9-10 月**：服饰鞋包类商品，通过百亿补贴等活动，吸引了大量消费者，运动品牌的卫衣、运动鞋等销量可观；食品生鲜类的水果、坚果等休闲食品销量上升 [11] .
- **11 月**：在双十一购物节的带动下，各品类销售额均有增长。其中，数码家电类产品，如手机、电视等，通过团购、补贴等形式，销量大幅上升；母婴用品类，婴儿奶粉、纸尿裤等产品销量稳定增长 [11] .
- **12 月**：家居生活类的保暖用品、节庆装饰品等销量增加；食品生鲜类的生鲜肉类、海鲜等年货食材销量攀升 [11] .

深入搜索

第二步，根据豆包大模型收集到的数据，对指令进行深化。我们输入以下提示词：

请根据上述淘宝、京东、拼多多的数据情况，分析好评率情况以及好评占比，并比较它们之间的差异。

豆包的分析结果如下图：

基于 11 个搜索来源

以下是根据公开信息及一般情况对淘宝、京东、拼多多的好评率及好评占比情况的分析与比较：

淘宝

- **好评率情况及好评占比**：淘宝此前对参与营销活动的商家有“好评率不得低于 98%”的要求，但自 2012 年 8 月 15 日起取消了这一规定 。目前，淘宝整体的好评率数据并无确切公开的固定数值，但从一些现象可侧面推测。如部分品类在大促期间销量高且好评多，像 618 期间美容护肤品类销售额达 261 亿元，一些知名品牌及口碑好的店铺好评率较高，而对于中小卖家或商品质量、服务参差不齐的店铺，好评率相对较低。同时，淘宝弱化好评率后，消费者对中差评的关注度相对降低，但仍会影响部分消费者的购买决策 [2] [8] .
- **影响因素**：其作为综合性电商平台，商品种类繁多，涵盖高中低端各种品质和价位的商品，不同档次商品的好评率差异较大。而且，平台上商家众多，运营水平和服务质量参差不齐，这也导致好评率呈现较大的离散性。此外，随着消费者对商品品质和服务要求的提高，以及市场竞争的加剧，商家获取好评的难度有所增加，但同时淘宝也在不断优化评价体系，打击虚假交易和恶意差评等行为，以维护评价的真实性和客观性。

京东

- **好评率情况及好评占比**：京东部分优质商家的好评率非常高，如 airmx（秒新）在京东开店半年，好评度高达 99%。京东整体凭借其正品保障、优质物流和售后服务，在消费者心中树立了较好的口碑，其主营的家电、数码等品类的好评率相对较高。消费者在购买高价、耐用商品时更倾向于选择京东，对其信任度较高，进而使得好评占比较为可观 [1] [3] [9] .

- **影响因素**：京东的自营模式保证了商品的品质和售后服务，物流配送的高效和准时也提升了消费者的购物体验，这些都有助于提高好评率。而且京东的用户群体相对更注重商品品质和购物体验，对价格的敏感度相对略低，在购买到符合期望的商品后，更愿意给予好评。同时，京东对商家的入驻审核和管理较为严格，一定程度上保障了商品和服务的质量，从而促使整体好评率保持在较高水平。

拼多多

- **好评率情况及好评占比**：拼多多一般建议卖家将好评率设置为 90%，当好评率低于此数值，买家订购的软件可能会被屏蔽。拼多多上有大量价格实惠的商品，吸引了众多对价格敏感的消费者，尤其是下沉市场的用户，其中部分商品因性价比高获得了较好的好评率，但也存在一些商品质量不过关导致好评率较低的情况。总体来说，拼多多的好评率分布较为分散，好评占比受商品质量和价格的影响较大[4,10]。
- **影响因素**：拼多多以低价策略和团购模式吸引消费者，许多消费者对商品价格的关注度较高，对品质的期望相对较为宽容，只要商品符合或略超预期，就可能给予好评。然而，由于平台上部分商品价格较低，商家为控制成本可能在质量上有所妥协，导致一些商品的好评率受到影响。此外，拼多多也在加强对商品质量的监管和对商家的约束，以提高整体的好评率和用户满意度 。

平台间的差异比较

- **好评率数值及分布差异**：京东的好评率相对较为集中且整体数值较高，其主营的大件、高价商品的好评率优势明显；淘宝的好评率因商家和商品的多样性而分布较广，从高到低都有较大跨度；拼多多的好评率则呈现两极分化的趋势，低价高性价比的商品好评率可能较高，但部分质量欠佳的商品好评率较低[1,3,9]。
- **用户评价倾向差异**：京东用户更看重商品品质、物流速度和售后服务，在这些方面表现出色的商家容易获得高好评率；淘宝用户除了关注商品本身，也注重店铺的信誉和口碑，品牌店铺和网红店铺的好评率相对较高；拼多多用户对价格更为敏感，在满足基本需求的前提下，价格优势往往能带来较高的好评率[1,9]。
- **平台政策及监管对好评率的影响差异**：京东的严格商家入驻和管理政策，以及强大的自营物流和售后服务体系，为高好评率提供了有力支撑；淘宝弱化好评率后，更注重通过其他方式保障消费者权益和规范市场秩序；拼多多则通过各种手段鼓励商家提高服务质量以提升好评率，同时加强对商品质量的把控和对违规行为的处罚力度[4,9]。

深入搜索

第三步，我们接着提问，分析三家平台的差评情况。输入以下提示词：

> 接着分析这三家平台的差评原因主要集中在哪些方面？

如下图所示：豆包给出了对差评原因的分析：

基于 13 个搜索来源

以下是淘宝、京东、拼多多三家平台差评原因的主要集中方面：

淘宝

- **商品质量问题**：商品与描述不符，如尺寸、颜色、功能等存在差异；存在瑕疵、损坏，或质量未达到消费者预期[4,8,12]。
- **服务售后问题**：客服回复不及时、态度不好，无法有效解决消费者问题；退换货流程繁琐、处理时间长；售后承诺不兑现[1,4,8]。

- **物流问题**：发货速度慢，长时间不发货；快递运输时间长，物流信息更新不及时；商品在运输过程中出现破损、丢失等情况 [1] [4] [8] .
- **价格因素**：消费者购买后商品降价，导致心理不平衡；商品价格与质量不符，认为性价比低 [8] .
- **恶意差评**：同行竞争或职业差评师为谋取私利故意给予差评 [1] [4] [8] .

京东

- **商品质量问题**：尽管京东对商品品质把控较严，但仍存在部分商品质量不佳的情况，如电子产品出现故障、日用品耐用性差等 [2] [9] .
- **物流配送问题**：物流速度慢于预期，尤其在促销活动期间；商品包装破损，影响商品完整性 [5] [9] .
- **售后服务问题**：售后处理不及时、效率低；客服人员对业务不熟悉，无法准确解答问题或提供有效解决方案 [9] .
- **商品信息不准确**：商品详情页介绍不够详细、准确，导致消费者误解，购买到不符合自身需求的商品 [2] [9] [12] .
- **恶意差评**：同行恶意竞争，通过虚假差评诋毁店铺或商品 [9] .

拼多多

- **商品质量问题**：部分商品质量不过关，如材质差、做工粗糙、有瑕疵等；商品与描述不符，存在虚假宣传，如图片与实物差异大、功能夸大等 [6] [10] [12] .
- **客服服务问题**：客服回复慢、态度不好，对消费者咨询不够耐心；售后处理问题能力差，无法有效解决消费者的退换货、维修等诉求 [3] [6] [10] .
- **物流问题**：快递发货慢，物流信息更新滞后；商品在运输过程中受损，影响使用体验 [6] [10] .
- **价格与期望落差**：消费者因商品低价而购买，但对质量期望过高，收到商品后觉得不值所付价格 [7] .
- **恶意差评**：包括同行恶意竞争、消费者因个人原因故意差评等 [10] [12] .

深入搜索

第四步，我们使用豆包对三家平台的退款和退换货进行分析。输入以下提示词：

再分析一下这三家平台的退款和退换货数据有什么特点？

分析结果如下图所示：

基于 10 个搜索来源

以下是淘宝、京东、拼多多三家平台退款和退换货数据的特点分析：

淘宝

- **退款和退换货数据概览**：据金羊网消息，天猫曾表示 “双 11” 的退货率为 6% 。有分析报告指出，天猫平台整体退货率呈现出波动下降的趋势，目前平均退货率约为 2.9% [2] [5] .

- **特点分析**：
  - **商品品类影响大**：不同商品品类的退款和退换货率差异显著。如服装鞋帽类商品退货率相对较高，而 3C 数码类商品退货率相对较低 [5][9]。
  - **促销活动波动明显**：在促销活动期间，商家的订单量和退货量通常会同时增加，退货率可能会有所上升 [1][5]。
  - **售后保障较完善**：作为国内大型电商平台，其售后流程相对规范和完善，消费者在申请退款和退换货时，只要符合相关规定，一般能够得到较好的处理，但对于一些中小卖家，可能存在售后处理不及时等问题。

京东

- **退款和退换货数据概览**：2024 年数据显示，京东生鲜退换货率约为 2.2%，其整体平均退货率约为 2.5% [5][10]。
- **特点分析**：
  - **自营优势突出**：京东自营商品的退款和退换货服务较为出色，物流配送、售后处理等环节的效率较高，消费者申请退换货后，京东物流取件速度快，平台处理流程简便，退款到账也相对及时 [3][10]。
  - **品质把控较严**：京东对商品品质和商家入驻审核较严格，使得商品质量相对更有保障，从而降低了因质量问题导致的退款和退换货率 [5][10]。
  - **退换货政策灵活**：在不影响二次销售的情况下，可无条件退货，无需商家介入，对于消费者而言较为便利 [7]。

拼多多

- **退款和退换货数据概览**：疫情期间，拼多多平台收到的退款退货异常申请同比增加了 120%。有店主表示，其拼多多店铺的退货率不到 3%，部分分析指出拼多多上价格在 10 元以下和 100 元以上的商品退款率较高 [4][6][9]。
- **特点分析**：
  - **低价商品问题多**：拼多多上有大量价格较低的商品，部分商品因成本控制等原因，质量可能存在一定问题，导致退款率相对较高，尤其是一些非品牌的低价日用品、小饰品等 [6][9]。
  - **售后体验差异大**：对于信誉度高的商家，其售后服务和处理退款退换货的效率较高，但对于一些小卖家、新店铺或不良商家，可能存在售后处理不及时、不积极等情况，影响消费者的售后体验 [6]。
  - **社交电商模式影响**：拼多多的社交电商模式在一定程度上影响了其退款和退换货情况。基于熟人推荐的购物方式，使得消费者对商品的预期相对更符合实际，从而可能降低了因期望落差导致的退货率，但如果商品质量与推荐不符，也可能影响推荐人和被推荐人的信任关系 [9]。

深入搜索

第五步，我们使用豆包对三家平台的用户评价进行分析。输入以下提示词：

从用户评价的文本内容来看，消费者在三家平台上表达最多的期望是什么？

很快，豆包给出了如下图所示的回答：

基于 10 个搜索来源

从用户评价的文本内容来看，消费者在淘宝、京东、拼多多三家平台上表达最多的期望主要集中在以下几个方面：

商品品质

- **质量可靠**：消费者期望所购买的商品质量能够符合或超出预期，如商品材质优良、做工精细、无瑕疵、耐用等。例如在淘宝评价中，常出现“质量很好，物超所值”“难得的正品，网购以来最满意的了”等话语；京东的消费者也会提到商品质量有保障，尤其是对其自营的 3C 数码、家电等产品的品质较为信赖；拼多多上尽管有部分低价商品，但消费者同样希望买到质量不错的商品，如“鞋架款式不错，好看实用”“种子发芽率很高，很不错”等评价 [1,3].
- **描述相符**：商品的实际情况与商家页面描述的信息一致，包括尺寸、颜色、功能、性能等方面。淘宝、拼多多等平台上不少差评都是源于商品与描述不符，而消费者在好评中也会强调商品如商家所描述的那样，“卖家确实很好，宝贝就和介绍的一样” [1,3].

服务质量

- **客服服务**：希望客服能够及时回复咨询，态度热情、友好，专业地解答问题，并能有效解决购买过程中遇到的各种问题。比如淘宝用户评价中会提到“掌柜人不错，服务很热情”“客服耐心解答，很满意”；京东的消费者也看重客服对业务的熟悉程度和处理问题的效率；拼多多同样如此，客服的响应速度和服务态度也是影响消费者满意度的重要因素 [1].
- **售后保障**：包括退换货政策、处理流程、质保承诺等。消费者期望平台和商家能够提供便捷、高效、合理的售后保障，如退换货无阻碍、处理时间短、售后人员积极解决问题等。像京东的部分商品提供只换不修服务，受到消费者好评；淘宝的售后流程相对规范，消费者在符合规定的情况下能顺利完成退换货；拼多多也在不断完善售后保障体系，以提升消费者的购物信心 [2,5,7].

物流配送

- **配送速度**：消费者希望商品能够尽快送达，尤其是在急需或有特定时间要求的情况下。京东以其高效的物流配送服务在这方面获得不少赞誉，如“京东物流升级‘前置仓’模式后，配送速度超快”；淘宝和拼多多的消费者也会因物流快而给予好评，如“发货很快，两天就到了”“闪电直充，速度快”等 [1,2,3].
- **配送服务质量**：包括物流包装完好，商品在运输过程中不受损、不丢失，以及快递员的服务态度良好等。如淘宝评价中会提到“包装看起来很好，包得很用心”“物流公司的态度比较差，建议换一家”等 [1,7].

价格与性价比

消费者期望能够在平台上购买到价格合理、性价比高的商品，即商品的价格能够与其质量、功能等相匹配，甚至物超所值。在三家平台的评价中，都经常会出现类似“价格很优惠，东西不错”“性价比很高，这样的价能买到这质量非常不错”等表述 [1].

深入搜索

最后，我们使用豆包生成最终的分析报告。输入以下提示词：

> 请根据以上分析，为我生成一份关于这三家电商平台的商业智能分析报告。

豆包生成的报告如下：

淘宝、京东、拼多多商业智能分析报告

一、引言

随着电子商务行业的蓬勃发展，淘宝、京东、拼多多作为国内领先的电商平台，在市场竞争中占据重要地位。本报告旨在通过对三家平台主营品类营销数据、好评率、差评原因、退款和退换货数据以及用户期望等多方面的综合分析，深入剖析各平台的商业表现与特色，为电商行业从业者、研究人员及相关决策者提供有价值的参考。

二、平台概述

1. **淘宝**：国内大型综合性电商平台，商品种类丰富，涵盖高中低端各类产品，商家数量众多，包括品牌旗舰店、中小卖家等多种类型，具有高度的开放性和多样性。
2. **京东**：以自营模式为特色，注重商品品质与服务质量，在 3C 数码、家电等领域具有强大的市场影响力，物流配送体系高效且可靠，为消费者提供优质的购物体验。
3. **拼多多**：以低价策略和社交电商模式迅速崛起，吸引了大量对价格敏感的消费者，尤其是下沉市场用户，主打团购和高性价比商品，平台上的商品品类也在不断丰富和拓展。

三、主营品类营销数据分析

1. **淘宝**
    - **618 期间**：美容护肤品类销售额达 261 亿元，显示出其在美妆领域的强大销售能力和消费者吸引力。
    - **特定月份趋势**：9 - 10 月服装类目销售旺季，女装销售突出；秋季护肤需求带动美容护肤品类中保湿、修复类产品销量上升。11 月双十一期间，家电、美妆、服装等多品类全面爆发，各品类知名品牌均取得显著销售成绩。12 月保暖用品和礼品类商品因季节和节日因素销量上升。
2. **京东**
    - **618 期间**：家用电器销售额高达 756 亿元，在家电品类销售中占据主导地位，超 700 个家电家居品牌成交额同比大幅增长，多个品牌销售额破亿，凸显其在家电市场的强大竞争力和品牌号召力。
    - **特定月份趋势**：9 - 10 月数码产品迎来销售高峰，手机、电脑等新品发布带动销量；秋季家装季促进家居用品类目销售额增长。11 月京东家电持续发力，大家电品牌保持优势，同时图书音像类产品因冬季阅读学习需求增加而销量上升。12 月保暖电器、羽绒服等保暖类产品以及食品生鲜类的腊味、干货等年货商品销售额攀升。
3. **拼多多**
    - **618 期间**：家电品牌全品类销售规模同比增长 103% 实现翻倍增长，日化品类同比增长翻倍，美妆全品类销量同比增长 122%，表明其在各品类促销活动中的增长潜力巨大。
    - **特定月份趋势**：9 - 10 月服饰鞋包类商品通过百亿补贴等活动吸引大量消费者，运动品牌的卫衣、运动鞋等销量可观；食品生鲜类的水果、坚果等休闲食品销量上升。11 月双十一期间，数码家电类产品通过团购、补贴等形式销量大幅上升，母婴用品类稳定增长。12 月家居生活类的保暖用品、节庆装饰品等销量增加，食品生鲜类的生鲜肉类、海鲜等年货食材销量攀升。

四、好评率分析

1. **淘宝**
    - 自取消特定好评率规定后，整体好评率无确切公开固定数值。部分品类在大促期间知名品牌及口碑好的店铺好评率较高，但中小卖家或商品质量、服务参差不齐的店铺好评率相对较低。好评率受商品质量、服务售后、物流、价格以及恶意差评等多种因素综合影响，且因商家和商品的多样性而分布较广。

2. **京东**
    - 部分优质商家好评率极高，如 airmx（秒新）在京东开店半年好评度高达 99%。凭借正品保障、优质物流和售后服务，京东在消费者心中树立了良好口碑，主营的家电、数码等品类好评率相对较高，整体好评率较为集中且数值较高，用户群体对商品品质和购物体验的注重使得在满足期望后更愿意给予好评。
3. **拼多多**
    - 一般建议卖家将好评率设置为 90%，平台上有大量价格实惠的商品，部分因性价比高获得较好好评率，但也存在商品质量不过关导致好评率较低的情况，好评率分布较为分散，受商品质量和价格影响较大。消费者对价格敏感，在满足基本需求前提下，价格优势往往能带来较高好评率，但部分低价商品质量问题也

五、差评原因分析

1. **淘宝**
    - **商品质量问题**：商品与描述不符，包括尺寸、颜色、功能等差异，存在瑕疵、损坏，质量未达预期。
    - **服务售后问题**：客服回复不及时、态度不佳，退换货流程繁琐、处理时间长，售后承诺不兑现。
    - **物流问题**：发货速度慢，快递运输时间长，物流信息更新不及时，商品运输过程中破损、丢失。
    - **价格因素**：购买后商品降价心理不平衡，商品价格与质量不符，性价比低。
    - **恶意差评**：同行竞争或职业差评师故意给予差评。
2. **京东**
    - **商品质量问题**：尽管有品质把控，仍存在部分商品质量不佳情况，如电子产品故障、日用品耐用性差。
    - **物流配送问题**：物流速度慢于预期，商品包装破损。
    - **售后服务问题**：售后处理不及时、效率低，客服人员业务不熟悉。
    - **商品信息不准确**：商品详情页介绍不详细、准确，导致消费者误解购买到不符合需求的商品。
    - **恶意差评**：同行恶意竞争通过虚假差评诋毁店铺或商品。
3. **拼多多**
    - **商品质量问题**：部分商品质量不过关，材质差、做工粗糙、有瑕疵，商品与描述不符，存在虚假宣传，图片与实物差异大、功能夸大。
    - **客服服务问题**：客服回复慢、态度不好，售后处理问题能力差，无法有效解决消费者退换货、维修等诉求。
    - **物流问题**：快递发货慢，物流信息更新滞后，商品运输过程中受损。
    - **价格与期望落差**：因商品低价购买但对质量期望过高，收到商品后觉得不值所付价格。
    - **恶意差评**：包括同行恶意竞争、消费者因个人原因故意差评等。

六、退款和退换货数据分析

1. **淘宝**
    - 天猫曾表示“双 11”退货率为 6%，有分析报告指出其整体平均退货率约为 2.9%。不同商品品类退款和退换货率差异显著，服装鞋帽类相对较高，3C 数码类相对较低。促销活动期间退货量和订单量同时增加，退货率可能上升。售后保障较完善，但中小卖家可能存在售后处理不及时问题。
2. **京东**
    - 2024 年数据显示，京东生鲜退换货率约为 2.2%，整体平均退货率约为 2.5%。京东自营商品退款和退换货服务出色，物流配送、售后处理效率高，平台对商品品质和商家入驻审核严格，降低了因质量问题导致的退款和退换货率，退换货政策灵活，在不影响二次销售情况下可无条件退货，无需商家介入。
3. **拼多多**
    - 疫情期间平台收到的退款退货异常申请同比增加 120%。有店主表示其拼多多店铺退货率不到 3%，部分分析指出拼多多上价格在 10 元以下和 100 元以上的商品退款率较高。拼多多上大量低价商品因质量问题导致退款率相对较高，尤其是非品牌的低价日用品、小饰品等。信誉度高的商家售后服务较好，但小卖家、新店铺或不良商家可能存在售后处理不及时、不积极情况。社交电商模式在一定程度上影响退款和退换货情况，基于熟人推荐购物方式可能降低因期望落差导致的退货率，但商品质量与推荐不符也可能影响信任关系。

七、用户期望分析

1. **商品品质**
   - 消费者期望所购商品质量可靠，材质优良、做工精细、无瑕疵、耐用，且商品实际情况与商家页面描述信息一致，包括尺寸、颜色、功能、性能等方面。在三家平台评价中，对商品品质的关注均占据重要地位，高质量商品往往能获得消费者的好评和信赖。
2. **服务质量**
   - 消费者希望客服能够及时回复咨询，态度热情友好，专业解答问题并有效解决购买过程中遇到的各种问题。同时，期望平台和商家提供便捷、高效、合理的售后保障，包括退换货政策、处理流程、质保承诺等。良好的服务质量有助于提升消费者的购物满意度和忠诚度，对平台口碑产生积极影响。
3. **物流配送**
   - 消费者期望商品能够尽快送达，尤其是在急需或有特定时间要求的情况下。同时，物流包装应完好，商品在运输过程中不受损、不丢失，快递员服务态度良好。物流配送的速度和质量是影响消费者购物体验的关键因素之一，京东在物流配送方面的优势使其在消费者满意度方面表现突出，淘宝和拼多多也在不断优化物流服务以提升竞争力。
   - 消费者期望在平台上购买到价格合理、性价比高的商品，即商品价格能够与其质量、功能等相匹配，甚至物超所值。拼多多以低价策略吸引消费者，淘宝和京东也在通过各种促销活动和价格优化策略来满足消费者对价格与性价比的期望，以提高平台的吸引力和市场份额。

八、结论

1. 淘宝凭借其丰富的商品种类、广泛的商家基础和完善的电商生态系统，在市场中占据重要地位。其在服装、美妆等品类具有强大的销售实力，但需进一步加强对中小卖家的管理，提升整体商品质量和服务水平，以优化用户体验和好评率，降低退款和退换货率。
2. 京东以自营模式为核心竞争力，在家电、数码等领域树立了良好的品牌形象，通过严格的品质把控、高效的物流配送和优质的售后服务，赢得了消费者的高度信任。未来京东应继续保持优势，拓展商品品类，进一步提升在下沉市场的影响力，以应对激烈的市场竞争。
3. 拼多多通过创新的社交电商模式和低价策略迅速崛起，在吸引下沉市场用户和推动消费升级方面取得了显著成效。然而，平台需加大对商品质量的监管力度，提升商家服务质量，完善售后保障体系，以提高用户满意度和忠诚度，实现可持续发展。
4. 总体而言，三家平台在电商市场中各有特色和优势，竞争激烈。未来的发展趋势将取决于它们能否更好地满足消费者日益多样化和个性化的需求，不断优化自身的商业运营模式和服务质量，加强技术创新和数据驱动的决策能力，以在快速变化的电商行业中保持领先地位。

以上报告仅供参考，可根据实际需求进一步补充和完善相关数据及分析内容。

小结

豆包在智能写作方面可圈可点，能依据指定的主题与需求创作丰富多样的文本，无论是旅游文案还是其他方案，皆可精准输出，语言流畅自然、逻辑清晰合理。在生产数据分析报告时，它能够高效处理数据，挖掘其中关键信息并条理分明地呈现。从上述三家电商平台的数据解读到趋势洞察，能够生成极具价值且翔实的报告，这为我们进行决策与研究工作提供了有力辅助。

更多小技巧

（1）合理利用追问技巧

当豆包回答了你的问题后，如果你觉得回答不够深入或者还有疑问，可以进行追问。例如，豆包回答了某个历史事件的基本情况，你可以追问“这个历史事件对当时的社会经济结构产生了哪些长期的影响？”或者“这个事件中的主要人物还有其他什么事迹吗？”。

追问时要注意关联性，尽量基于之前的回答内容展开，这样可以让问题更加聚焦，也有助于得到更有针对性的回答。

（2）适当补充信息

在提问过程中，如果发现自己遗漏了重要信息，可以及时补充。比如，你一开始问“如何提高植物的生长速度”，在得到一些通用的回答后，你可以补充“我种植的是多肉植物，在室内环境下，有什么特别的方法可以提高它的生长速度吗？”，通过补充信息，能够让回答更加贴合你的实际需求。

五、快手——可灵

可灵大模型是快手AI团队自研的视频生成大模型，2024年6月6日在官网正式上线。可灵大模型采用类Sora的DiT结构，以Transformer取代传统卷积网络结构，还使用Flow模型（可逆流模型）作为扩散模型基座，提升计算效率。同时，可灵内部构建完备标签体系以筛选优化数据，并研发视频描述模型以提升文本指令响应能力。可灵支持生成长达2分钟的30fps视频，分辨率高达1080p，支持多种宽高比，具备强大的概念组合能力和想象力，能模拟物理世界特性，如生成符合物理规律的运动场景及物体细节等。在应用方面，可灵大模型可作为快影App（应用程序）中“AI舞王”“AI唱跳”等功能的技术底座。

快手可灵

扫码查看快手可灵

可灵大模型网站二维码

（一）特点与优势

先进的技术架构：采用类Sora的DiT结构，以Transformer取代传统卷积网络结构，还使用Flow模型作为扩散模型基座，提升了计算效率和模型的处理、生成能力。

高质量的数据处理：构建了完备的标签体系，从视频基础质量、美学和自然度等多个维度对视频数据进行筛选和优化，并研发了视频描述模型，能够生成精确、结构化的视频描述，大幅提升了视频生成模型的文本指令响应能力。

强大的运动生成能力：采用3D时空联合注意力机制，能够更好地建模视频中的复杂时空运动，生成的视频不仅运动幅度大且合理，符合客观运动规律，真正做到让想象力动起来。

逼真的物理世界模拟：凭借自研模型架构及Scaling Law激发出的强大建模能力，可灵大模型能够生成符合物理规律的视频，如光影反射、重力影响下的流体运动以及与物理世界的交互等，构建起了一个无限逼近现实的想象空间。

出色的概念组合与想象力：基于Diffusion Transformer架构学到的强大概念组合能力，可灵大模型能够深刻理解文本-视频语义，将用户丰富的想象力转化为具体的画面，生成独特、虚构的视频场景。

高分辨率与长视频生成：支持生成长达2分钟的30fps视频，分辨率高达1080p，且支持多种宽高比，能够为用户提供更丰富、更清晰的视频内容。

高效的训练与优化：在训练过程中采用分阶段训练策略、多种计算优化和通信优化方案，以及自动故障检测和failover等机制，极大提升了GPU和网络带宽利用率，保障了短时间内模型效果的快速提升。

（二）应用场景

1．内容创作与娱乐

影视制作：为影视创作者提供创意构思和预可视化的帮助，快速生成故事板、概念场景等，辅助电影、电视剧等的前期创作；还可用于生成特效场景、虚拟角色动画等，降低制作成本，提高制作效率。

短视频创作：应用在快影App的“AI舞王”“AI唱跳”等功能中，让用户仅需上传一张照片即可生成生动的唱跳视频，丰富了短视频的创作形式和内容；普通用户也可借助可灵大模型生成各种有趣、个性化的短视频，满足娱乐和社交分享的需求。

游戏开发：生成游戏中的动画片段、过场动画、角色动作等，为游戏开发者提供更多创意和资源，加速游戏开发进程，提升游戏的视觉效果和趣味性。

2．广告与营销

广告视频制作：快速生成高质量的广告视频，根据产品特点和目标受众，创造出吸引人的场景和情节，有效传达产品信息，提高广告的吸引力和转化率。

品牌宣传：为品牌打造独特的宣传视频，通过生成符合品牌形象和价值观的创意内容，增强品牌的影响力和知名度，吸引消费者的关注。

3．教育与培训

在线教育视频制作：生成教学视频，如科学实验演示、历史事件重现、数学公式讲解等，丰富教学资源，使抽象的知识更加直观形象，有助于学生的理解和学习。

职业培训：为职业技能培训提供模拟场景和操作演示视频，如医疗手术模拟、机械操作培训等，让学员在虚拟环境中进行实践，增强培训效果和安全性。

4. 艺术创作与设计

数字艺术作品创作：艺术家可以利用可灵大模型生成各种风格和主题的数字艺术作品，如绘画、雕塑、装置艺术等的概念设计，激发创作灵感，拓展艺术表现形式。

设计灵感启发：为平面设计、产品设计、建筑设计等领域的设计师提供创意灵感，生成不同风格和概念的设计草图和效果图，帮助他们更好地探索和实现设计理念。

（三）实际应用案例

打开网址https://klingai.kuaishou.com/，点击右上角的“登录”按钮，开始我们本次使用可灵AI实践的旅程。

可灵AI首页

1. 图片生成

我们以“一只可爱的小猫”为题，生成一组图片，看看通过可灵AI是怎么操作的。

在可灵AI网页的文生图指令输入框，我们输入以下提示词：

> 一只可爱的小猫。

可灵AI生成了4张图片，如下图所示：

由于没有输入对应的风格、镜头角度以及小猫类型，因此我们可以看到小猫的角度和种类都是随机的。

依照上下文，我们再次输入如下提示词：

一只油画风格的橙色的小猫，特写正面

如下图所示，可灵AI完成了要求，输出了一组图片。

单独从这组图片分析，整体符合我们的要求，但是仍然存在一些问题，比如有的画面并非正面，这便是AI存在的“抽卡”定律。

让我们再来试试可灵AI的图片参考功能，导入参考图和提示词：

一只迪士尼风格的橙色的小猫，特写正面

如下图所示，一组新的图片产生了：

从上面的图片我们可以看出，可灵AI拥有学习模仿图片画风的功能，由此我们便可通过上传想要的风格图片，获得相似风格的图片。

至此，可灵AI文生图的基本功能我们也介绍完毕。虽然AI生图十分方便，非常好地解决了部分人不会画画的难题，但是AI生图的出现也带来了一部分重要的版权问题。

小结

AIGC能够协助我们快速生成图片，提供我们需要的图片，协助我们完成图片的创作。

2. 视频生成

接下来我们来尝试一下可灵AI的视频生成功能。

视频生成分为文生视频以及图生视频，两者的生成模式十分相似，区别仅在于一个需要上传自己想要“动”起来的图片，一个仅仅需要输入关键词。

我们通过两个界面可以直观地看出两个操作界面的各个不同的功能，仅需几分钟，我们便可以制作出我们想要的视频动画，随着AI的出现，人人都可以制作属于自己的创意短片。

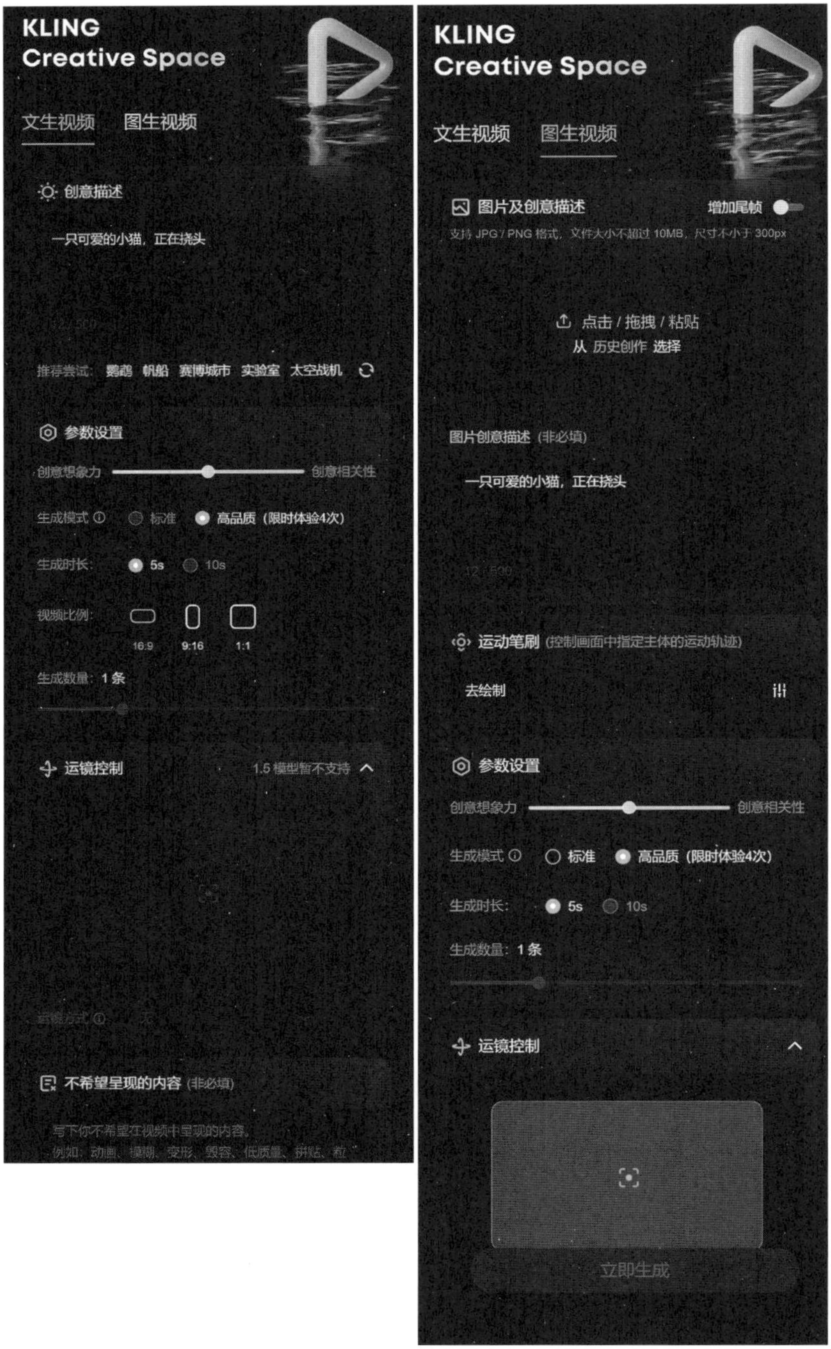

可灵AI“文生视频”和“图生视频”界面

如今网络上出现的许多趣味的AI视频均可以通过以上形式进行制作，但随着技术的发展，也有许多不法分子通过AI进行诈骗，作为AI的使用者，我们也应向身边人科普并且抵制不法活动。

小结

可灵AI以其卓越的技术实力和广泛的应用潜力，正在逐步改变我们制作图片、创意生成的方式。未来，随着技术的进一步发展，可灵AI将为更多的行业和个人带来便利，开启智慧生活的新篇章。

更多小技巧

在制作AI视频时，我们可以活用其插件，来让视频更好地达到我们的预期。比如利用运动笔刷功能，我们能在图片上绘制运动轨迹，让图片的运动更加稳定。

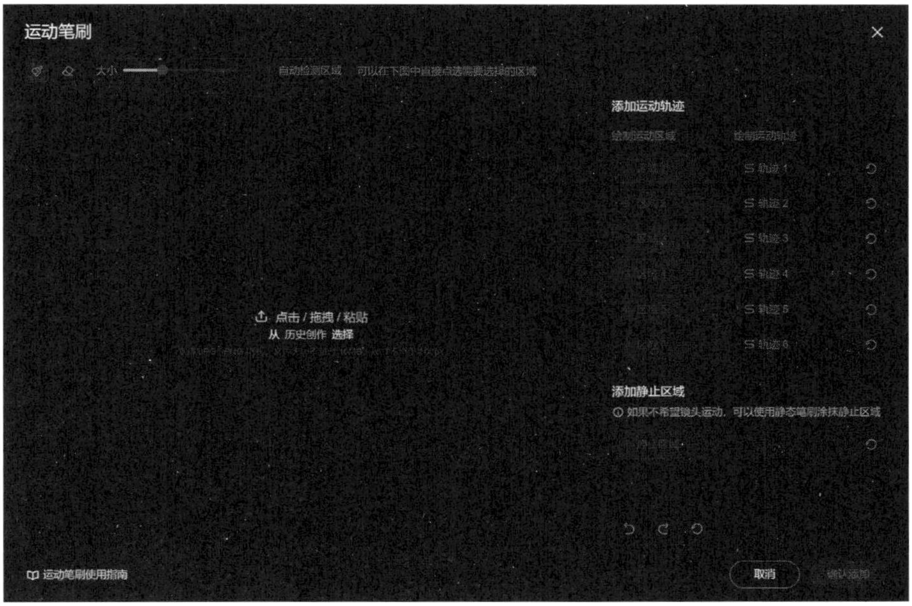

比如利用运镜控制功能，我们能让视频的运镜更加符合我们的预期，从而更方便我们的创作。

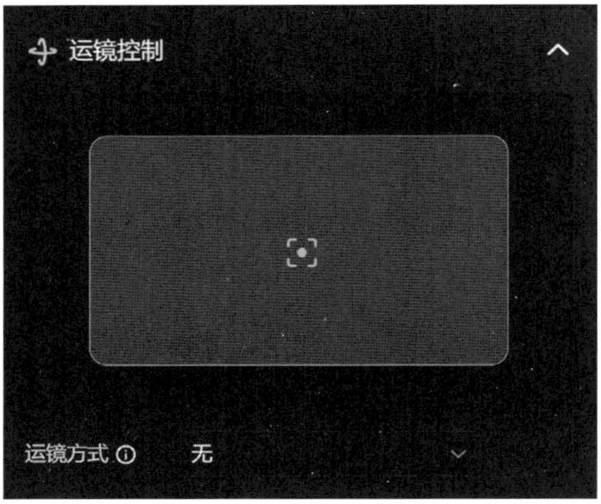

六、腾讯——混元

腾讯混元大模型是由腾讯全链路自研的通用大语言模型，于2023年9月7日正式亮相，2024年5月14日对外开源（文生图模型、MoE模型“混元Large”和混元3D生成大模型“Hunyuan3D-1.0”）。其中腾讯混元Large是目前开源领域参数规模最大、效果最好的MoE模型，而腾讯混元3D生成大模型则是业界首个同时支持文字、图像生成3D的开源大模型。两个模型均属腾讯自研，在架构、算法、数据等方面有独特创新，填补了行业空白。在产品能力方面，混元大模型具有多轮对话、内容创作、逻辑推理、知识增强、多模态五大核心功能，包括文学创作、文本摘要、角色扮演等，还可基于已有数据或信息进行推理、分析，有效解决事实性、时效性问题。目前混元大模型作为腾讯云MaaS服务的底座，已应用于腾讯云、腾讯广告、腾讯游戏等超600个业务和场景，并与11 000家生态伙伴推出覆盖100多个产业场景的行业解决方案，如搜狗输入法的AI搜索、AI快查功能等。

腾讯元宝

扫码查看腾讯元宝

混元大模型应用“腾讯元宝”网站二维码

（一）特点与优势

架构先进：采用混合专家模型（MoE）架构，2024年年初腾讯混元就率先在国内采用此架构，总体性能比上一代Dense模型提升50%。如混元Large模型总参数量389B，激活参数量52B，上下文长度高达256K，并且在MoE Scaling Law等结构和训练策略上进行了创新探索，引入专家特化的学习率适配训练策略，提升了不同专家利用率和稳定性。

多模态能力强：混元文生图大模型采用与Sora一致的DiT架构，支持中英文双语输入及理解，具备多轮绘图能力，测评结果国内领先。此外，还支持文生视频、图生视频、图文生视频、视频生视频等多种视频生成能力，且已布局文/图生3D，单图仅需30秒即可生成3D模型。

语言能力出色：具备强大的中文创作能力、复杂语境下的逻辑推理能力以及可靠的任务执行能力，能够完成专业领域的多轮问答，支持文学创作、文本摘要、角色扮演等多种文本生成任务，并能有效解决事实性、时效性问题。

性能卓越：腾讯混元Turbo版本训练效率提升108%，推理效率提升100%，推理成本降低50%，解码速度提升20%，效果在多个基准测试上对标GPT-4，第三方测评居国内第一。在业界公认的Benchmark（基准测试）指标上，处于国内行业领先地位，效果接近国外头部模型，在理科、文科均居于第一名，在复杂任务和高阶推理的hard任务上表现出色。

应用广泛：从2023年9月首次亮相至2024年，腾讯混元大模型在腾讯内部的应用场景不断拓展，已融入超600个业务和场景中，如腾讯云、腾讯广告、腾讯游戏、腾讯金融科技、腾讯会议、腾讯文档、微信搜一搜、QQ浏览器等，并和11 000家生态伙伴展开紧密合作，推出覆盖100多个产业场景的行业解决方案。

开源开放：秉持开源战略，2024年11月5日，腾讯混元宣布最新的MoE模型“混元Large”以及混元3D生成大模型“Hunyuan3D-1.0”正式开源，支持企业及开发者精调、部署等不同场景的使用需求，可在HuggingFace、GitHub等技术社区直接下载，免费可商用，促进了大模型技术进步和行业生态繁荣。

（二）应用场景

1．内容创作与编辑

在文案撰写、文学创作、新闻报道等方面，为创作者提供灵感、辅助生成文本内容，提高创作效率和质量。比如微信读书引入AI问书和AI大纲等新功能，提升用户阅读效率和体验。

2．智能客服与问答系统

通过垂直领域精调模型，能够更准确地理解用户咨询的意图，提供更精准、流畅的多轮问答服务，提升智能客服的效率和质量，如腾讯客服团队利用混元大模型优化智能客服体系，使意图理解准确性及多轮问答流畅性显著提升，准确性相比传统小模型提升了38%。

3．教育培训

作为智能学习助手，辅助学生学习，解答问题，帮助教师生成教学资源、设计教学方案等。例如在教育领域帮助学生更好地理解知识，为教师提供备课参考等。

4．广告营销与创意设计

基于混元大模型推出的一站式AI广告创意平台——腾讯广告妙思，能够提升广告生产及投放效率，如通过图生图等功能，使广告的平均点击通过率提升了15%。

5. 医疗健康

可以成为医生的小助手，通过智能导诊迅速了解患者需求，帮助他们找到合适科室或者其他专业的医疗服务，还可辅助医疗人员进行医学文献查阅、疾病诊断辅助等工作。

6. 办公效率提升

如腾讯文档等办公应用接入混元大模型后，可实现智能写作助手、文档内容分析与总结等功能，提高办公效率；在会议场景中，帮助进行会议内容记录、总结，生成会议纪要等。

7. 文化娱乐

利用文生图、文生视频、图生视频等多模态能力，生成影视、动漫、游戏等文化娱乐内容的创意素材，丰富文化娱乐产品的创作形式和内容。例如生成视频短片、游戏场景设计草图等。

8. 搜索与信息查询

如腾讯搜狗输入法在混元大模型技术的支持下，推出和升级AI搜索、AI快查等重要功能，实现“输入即搜索”，在学习、办公、社交等场景中，做到边聊边搜、边写边搜，智能化提供参考信息。

（三）实际应用案例

打开网址https://cloud.tencent.com/product/hunyuan，点击右上角的“登录”按钮，开始我们本次使用腾讯混元的实践旅程。

混元生图页面

图片生成（即混元生图）

我们可以通过一些指定的词语让混元生图为我们制作相对应的图片，输入关键词“一片森林”来生成一组图片看看通过混元AI是怎么操作的？

在腾讯混元AI网页的文生图指令输入框，我们输入以下提示词：

> 生成一片森林

我们可以得到以下一组图片，由于没有输入对应的风格、镜头角度以及类型，因此我们可以看到森林的角度和种类都是随机选择的。

我们可以在下列推荐列表中选择希望的风格与所需要的尺寸以及生成数量再进行描述，输入如下提示词：

> 莫奈风格，黑夜森林

如下图所示，混元AI完成了要求，输出了一组图片。

单独从这组图片分析，整体符合我们的要求，但是仍然存在一些问题，比如有的画面还是只有单方面的森林，没有加入适合森林出现的元素，这便是AI存在的"抽卡"定律。我们可以增加关键词来达到最终的效果图。

我们也可以输入抽象一点的画面描述来让混元AI帮助我们完成对画面的初步想象，选择自己想要的风格，输入希望出现的场景，例如：

关于春节的描述，智能风格推荐。

如下图所示，我们可以得到一组图片：

在还没有初步想法的时候，我们可以利用AI工具初步搭建起画面的基础模式，让画面在最初的设计的时候更加符合我们的预期，从而更方便后续的创作或者进一步确定想要的画面效果。

之后，我们再根据其推荐的风格选择图片，图片底下有混元AI对于此图片的元素描述，选择“编辑描述”，此图片的描述会放置在最开始的图片描述栏中，这样混元AI就会对此风格的图片和出现的元素进行进一步的图片生成与创作，如下图所示。

小结

腾讯混元AI是腾讯公司推出的一个大规模预训练模型，它在自然语言处理（NLP）、计算机视觉等多个领域展现出了强大的能力，未来，随着技术的进一步发展，混元将会不断改进如今AI出现的各种问题，不断学习大数据，总结经验并改进，开启智慧生活的新篇章。

更多小技巧

腾讯混元还有数据迁移的功能，可在用户不停服的前提下完成数据的迁移上传，达到备份的目的，方便研发团队在云端的协调合作。

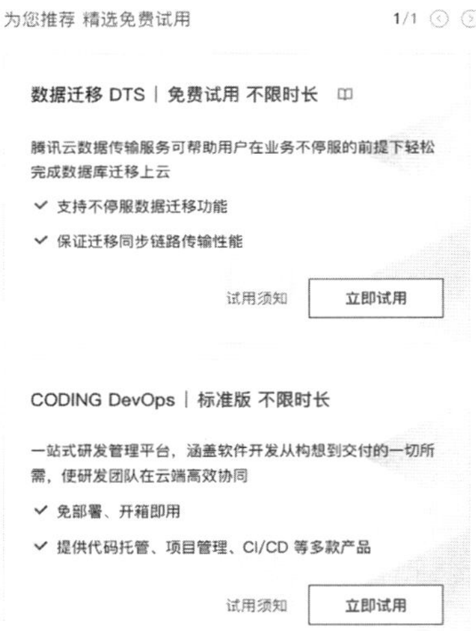

腾讯混元的数据迁移功能

七、月之暗面——Kimi

Kimi是由月之暗面公司创建的大模型，它具有诸多特点和能力。其最突出能力是长文本处理，支持最长200万字的超长无损上下文输入，可一口气读取20万字的文件，能更好地处理长文总结、生成及多文件内容整合等任务。它还具备联网搜索功能，可实时搜索互联网信息并整合到回答中，但联网搜索范围有一定局限。在数学方面，2024年11月16日推出的新一代数学推理模型k0-math，在中考、高考、考研以及入门竞赛题math等4个数学基准测试中，可超越OpenAI o1-mini和o1-preview。此外，Kimi对中英文的理解和生成能力出色，文字能力全面达到GPT-4水平，不过逻辑推理能力还有待提升，且目前无多模态能力。

月之暗面-Kimi

扫码查看月之暗面-Kimi

Kimi大模型网站二维码

（一）特点与优势

长文本处理能力强：Kimi支持最长200万字（相当于一部超长篇小说）的超长无损上下文输入，在处理长文总结、生成以及多文件内容整合等方面表现出色，如可以通过多篇财报进行市场分析、处理超长的法务合同、快速梳理多篇文章或多个网页的关键信息等。

多平台支持：拥有网页版、移动应用以及微信小程序等多种使用方式，还上线了浏览器插件，方便用户在不同场景下使用。

联网搜索功能：能够实时搜索互联网信息，并将搜索结果整合到回答中，为用户提供丰富、准确且时效性强的内容，不过其联网搜索的范围存在一定局限性。

支持文件上传与解析：可上传PDF、DOC、XLS、PPT、TXT等多种格式文件和图片，对文档进行快速摘要、翻译、答疑等操作，但在图片识别和文档解析能力方面有一定限制，如对扫描版PDF文件的文字解析存在困难。

应用市场丰富：通过“Kimi+”分身，可覆盖电商导购、写作、办公、社交娱乐和生活实用等多个场景，为用户提供更专业、更具针对性的服务。

（二）应用场景

1．学术科研领域

帮助学术研究人员快速阅读并深入理解大量文献资料，提炼核心内容，辅助撰写论文、分析研究结果等，提高科研效率。

2．内容创作领域

为自媒体与内容创作者提供灵感支持，依据用户提供的网页链接、文件、指令等协助梳理大纲、续写文章、创作文案等，还能学习特定风格进行创作。

3．办公场景

在处理复杂冗长的会议记录、办公文档时，能够智能识别并整理关键要点，自动提取重要信息，助力办公提效；还可辅助撰写各类报告、方案等文字材料。

4．编程学习与开发

支持多种编程语言，作为编程助手，帮助程序员迅速阅读API文档，定位所需信息，生成代码，快速检测并排除故障（debug），提升编程效率。

5．信息查询与分析

适用于需要快速获取大量信息并进行综合分析的场景，如市场调研、金融分析等，通过互联网搜索和对多源数据的整合，为用户提供全面、准确的信息和专业的解读。

6. 教育辅导

利用Kimi+分身中的教育辅导功能，为学生提供学科辅导、作业帮助、考试准备等服务，帮助学生更好地理解和掌握知识。

（三）实际应用案例

本小节借助Kimi大模型超长文本处理能力，对海量的文本数据进行实践，看看Kimi如何更高效地处理、理解超长文体并从中提取有价值的内容，同时在Kimi+的强大生态中，采用PPT助手，完成一份精美的PPT（演示文稿）。现在就开启这一段独特的探索之旅。

1. 超长文本处理

我们上传一份斯坦福2024年发布的AI指数报告，总共502页，看看Kimi对长文本的处理能力如何。

点击输入框右下角的按钮，上传文件《HAI_AI-Index-Report-2024.pdf》，接着，在提示词输入框中，输入以下提示词：

> 请将内容翻译成中文，并整理核心内容，提取相关要点。

对话界面如下图所示：

《2024年人工智能指数报告》的核心内容包括以下几个要点：

1. **人工智能技术进步**：2023年，人工智能在多个领域取得显著进展，包括图像分类、视觉推理和英语理解等基准测试中超越人类表现。同时，AI在处理复杂任务（如竞赛级数学问题、视觉常识推理和规划）方面仍有局限。
2. **行业与学术研究**：行业在前沿AI研究中占据主导地位，2023年产生了51个显著的机器学习模型，而学术界仅贡献了15个。此外，行业与学术界的合作模型数量达到21个，创历史新高。
3. **AI模型训练成本**：AI模型的训练成本达到空前水平，例如OpenAI的GPT-4训练成本估计为7800万美元，而谷歌的Gemini Ultra训练成本为1.91亿美元。
4. **AI投资和经济影响**：尽管全球私人AI投资连续第二年下降，但生成性AI投资激增，从2022年到2023年增长了近8倍，达到252亿美元。AI的应用被认为可以提高工人生产力并提高工作质量。
5. **AI法规和政策**：全球AI相关法规的提及数量达到历史新高，美国在2023年通过的AI相关法规数量比以往任何时候都多。
6. **公众对AI的认知和态度**：公众对AI的潜在影响更加警觉，调查显示，越来越多的人认为AI将在未来三到五年内对他们的生活产生重大影响。
7. **AI在科学和医学中的应用**：AI在科学发现和医学领域的作用越来越大，例如AlphaDev和GNoME等AI应用的推出，以及FDA批准的AI相关医疗设备数量的增加。
8. **AI教育和多样性**：美国和加拿大的计算机科学学士学位毕业生数量持续增长，而硕士和博士毕业生数量相对稳定。同时，AI相关的学位课程在国际上呈上升趋势。
9. **AI的负责任使用**：报告强调了负责任AI的重要性，包括隐私和数据治理、透明度和可解释性、安全性和公平性。同时，报告指出了AI在政治和选举中的潜在影响，包括深度伪造和政治偏见问题。
10. **AI的环境影响**：AI系统的环境影响受到关注，包括训练和推理过程中的碳排放问题，以及AI在环境可持续性方面的积极应用。

报告的这些要点涵盖了AI技术的发展、经济影响、社会认知、法规政策以及负责任使用的多个方面，提供了对AI领域当前和未来趋势的全面了解。

复制 再试一次 分享

对于这份超长的文档，Kimi的处理能力确实很强。虽然文档超出了字数限制，Kimi只阅读了55%的内容，但仍然完成了对核心内容的提炼。

我们接着试一下让Kimi解读某一个页面。输入以下提示词：

请定位到文档的50页，解读该页的内容，并解读插图1.3.6。

Artificial Intelligence Index Report 2024

Chapter 1: Research and Development
1.3 Frontier AI Research

Compute Trends

The term "compute" in AI models denotes the computational resources required to train and operate a machine learning model. Generally, the complexity of the model and the size of the training dataset directly influence the amount of compute needed. The more complex a model is, and the larger the underlying training data, the greater the amount of compute required for training.

Figure 1.3.6 visualizes the training compute required for notable machine learning models in the last 20 years. Recently, the compute usage of notable AI models has increased exponentially.[6] This trend has been especially pronounced in the last five years. This rapid rise in compute demand has critical implications. For instance, models requiring more computation often have larger environmental footprints, and companies typically have more access to computational resources than academic institutions.

Training compute of notable machine learning models by sector, 2003–23
Source: Epoch, 2023 | Chart: 2024 AI Index report

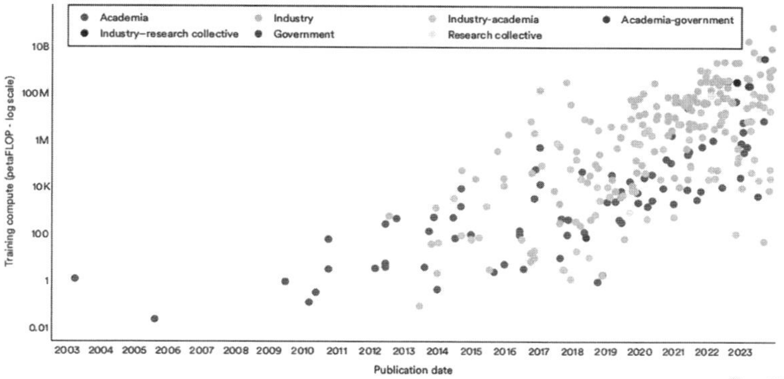

Figure 1.3.6

6 FLOP stands for "floating-point operation." A floating-point operation is a single arithmetic operation involving floating-point numbers, such as addition, subtraction, multiplication, or division. The number of FLOPs a processor or computer can perform per second is an indicator of its computational power. The higher the FLOP rate, the more powerful the computer is. An AI model with a higher FLOP rate reflects its requirement for more computational resources during training.

Table of Contents　Chapter 1 Preview　50

原始文档第50页截图，含插图1.3.6

如下图所示，Kimi理解了我们的意图，并且对原图中的数据进行了分析和解读。

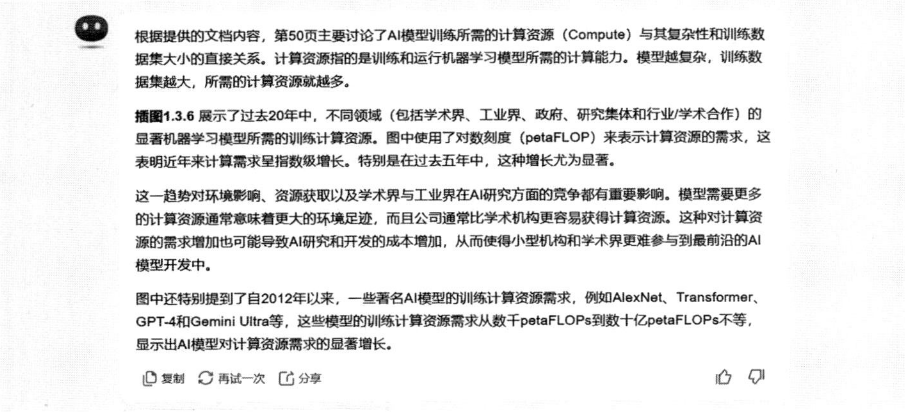

根据提供的文档内容，第50页主要讨论了AI模型训练所需的计算资源（Compute）与其复杂性和训练数据集大小的直接关系。计算资源指的是训练和运行机器学习模型所需的计算能力。模型越复杂，训练数据集越大，所需的计算资源就越多。

插图1.3.6 展示了过去20年中，不同领域（包括学术界、工业界、政府、研究集体和行业/学术合作）的显著机器学习模型所需的训练计算资源。图中使用了对数刻度（petaFLOP）来表示计算资源的需求，这表明近年来计算需求呈指数级增长。特别是在过去五年中，这种增长尤为显著。

这一趋势对环境影响、资源获取以及学术界与工业界在AI研究方面的竞争都有重要影响。模型需要更多的计算资源通常意味着更大的环境足迹，而且公司通常比学术机构更容易获得计算资源。这种对计算资源的需求增加也可能导致AI研究和开发的成本增加，从而使得小型机构和学术界更难参与到最前沿的AI模型开发中。

图中还特别提到了自2012年以来，一些著名AI模型的训练计算资源需求，例如AlexNet、Transformer、GPT-4和Gemini Ultra等，这些模型的训练计算资源需求从数千petaFLOPs到数十亿petaFLOPs不等，显示出AI模型对计算资源需求的显著增长。

复制 再试一次 分享

2. PPT助手

首先，打开Kimi首页左侧的“Kimi+”按钮。选择PPT助手，进入PPT助手首页。

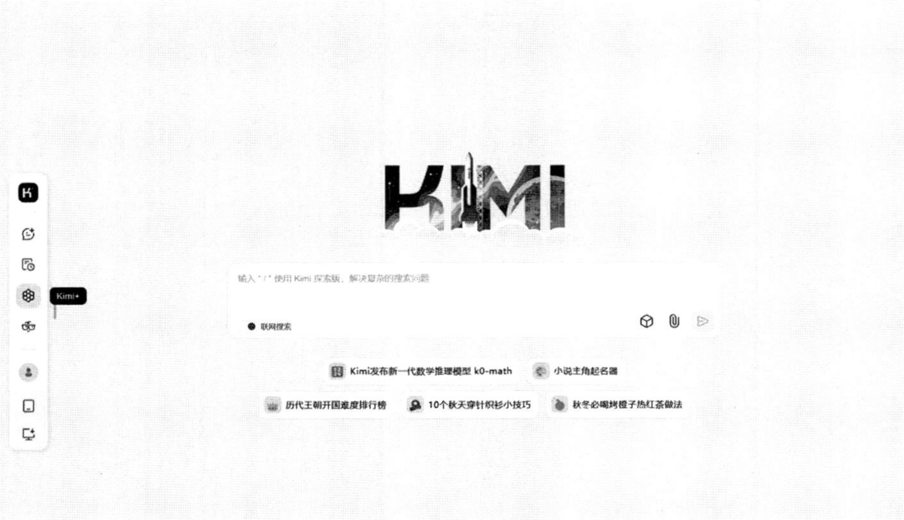

Kimi首页，左侧边栏第三个按钮即为“Kimi+”

接着，我们将刚刚通过超长文本处理所提取出来的《2024年人工智能指数报告》的核心内容要点复制出来，并在PPT助手页面的输入框中输入“用下面的内容，制作PPT”，换行后粘贴复制的文本，如下图所示。

经过不到1分钟，Kimi按照要求做出了PPT的提纲，如下图所示。

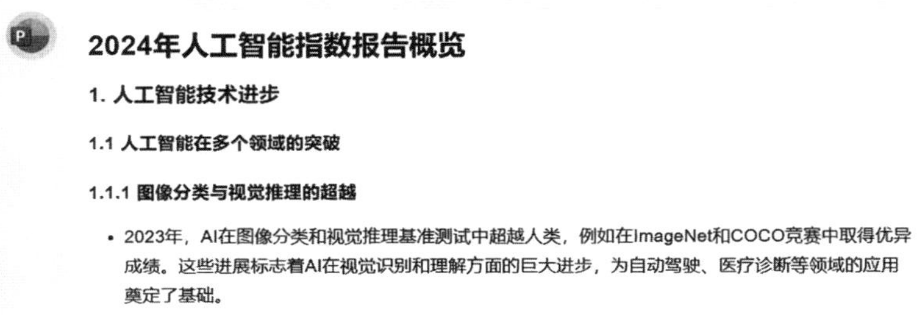

1.1.2 英语理解能力的提升

- AI在英语理解方面也取得了显著进展，能够更好地处理复杂的语言任务，如情感分析、文本摘要等。这些进步不仅提升了AI的交流能力，也为自然语言处理领域的研究提供了新的方向。

1.1.3 复杂任务处理的局限性

- 尽管AI在多个领域取得了突破，但在处理竞赛级数学问题、视觉常识推理和规划等复杂任务时仍存在局限。这些挑战提示了AI研究的未来方向，即如何进一步提升AI的推理和规划能力。

2. 行业与学术研究

2.1 行业研究的主导地位

2.1.1 机器学习模型的产出

- 2023年，行业在AI研究中占据主导地位，产生了51个显著的机器学习模型，远超学术界的15个。这一现象表明，行业在AI研究和应用方面具有更强的资源和动力。

2.1.2 行业与学术界的合作

- 行业与学术界的合作模型数量达到21个，创历史新高。这种合作模式不仅促进了知识的交流，也加速了AI技术的创新和应用。

2.1.3 学术研究的挑战与机遇

- 尽管学术界在模型产出上落后于行业，但其在基础研究和理论创新方面仍具有不可替代的作用。学术研究面临的挑战是如何与行业更紧密地合作，以实现知识的快速转化。

3. AI模型训练成本

3.1 训练成本的空前水平

3.1.1 OpenAI GPT-4的训练成本

- OpenAI的GPT-4训练成本估计为7800万美元，这一高昂的成本反映了AI模型训练的资源密集型特性。这种成本的增加可能会限制小型企业和研究机构的参与。

3.1.2 谷歌Gemini Ultra的成本

- 谷歌的Gemini Ultra训练成本高达1.91亿美元，这一数字不仅体现了AI模型训练的经济挑战，也暗示了大型企业在AI领域的竞争和投资。

3.1.3 训练成本对研究的影响

- 高昂的训练成本对AI研究产生了深远影响，可能导致资源分配不均，限制了创新的可能性。同时，这也促使研究者寻求更高效的训练方法和算法。

4. AI投资和经济影响

4.1 私人AI投资的下降与生成性AI的增长

4.1.1 全球私人AI投资的下降

- 尽管全球私人AI投资连续第二年下降，但生成性AI投资激增，从2022年到2023年增长了近8倍，达到252亿美元。这一趋势反映了市场对AI技术潜力的认可和对未来应用的期待。

4.1.2 生成性AI的增长

- 生成性AI技术的发展和应用，如自然语言生成和图像合成，正在改变内容创作、娱乐和教育等多个行业。这种技术的增长不仅为市场带来了新的商业模式，也为AI技术的进一步发展提供了动力。

4.1.3 AI对经济的积极影响

- AI的应用被认为可以提高工人生产力并提高工作质量，从而对经济产生积极影响。AI技术的进步和应用正在成为推动经济增长的关键因素。

5. AI法规和政策

5.1 全球AI相关法规的提及数量

5.1.1 美国AI相关法规的增加

- 2023年，美国通过的AI相关法规数量比以往任何时候都多，这表明政府对AI技术的关注和监管正在加强。这些法规的出台旨在确保AI技术的健康发展和应用的安全性。

5.1.2 AI法规的全球趋势

- 全球AI相关法规的提及数量达到历史新高，这反映了各国政府对AI技术的关注和对AI伦理、隐私等问题的重视。这些法规的制定和实施将对AI技术的发展和应用产生重要影响。

5.1.3 法规对AI发展的影响

- AI法规和政策的制定对AI技术的发展具有指导和规范作用。合理的法规可以促进AI技术的健康发展，保护用户隐私和数据安全，同时防止AI技术的滥用。

6. 公众对AI的认知和态度

6.1 公众对AI潜在影响的警觉

6.1.1 公众对AI影响的认知

- 调查显示，越来越多的人认为AI将在未来三到五年内对他们的生活产生重大影响。这种认知的提高反映了公众对AI技术潜力和风险的了解正在增加。

6.1.2 公众对AI的接受度

- 随着AI技术在日常生活中的应用越来越广泛，公众对AI的接受度也在逐渐提高。然而，对AI的担忧和恐惧也同时存在，这需要通过教育和沟通来缓解。

6.1.3 公众对AI的期待与担忧

- 公众对AI的期待主要集中在提高生活质量、工作效率和创新能力上，而担忧则集中在隐私泄露、就业替代和伦理道德问题上。这种复杂的情感反映了公众对AI技术全面影响的认识。

7. AI在科学和医学中的应用

7.1 AI在科学发现和医学领域的应用

7.1.1 AI在科学发现中的作用

- AI在科学发现中的作用越来越大，例如AlphaDev等AI应用的推出，它们能够通过分析大量数据来预测新的科学现象和趋势。这种应用正在改变科学研究的方式，提高研究效率。

7.1.2 AI在医学领域的应用

- 在医学领域，AI的应用正在改变疾病诊断、治疗和药物研发的方式。例如，GNoME等AI工具能够帮助医生更准确地诊断疾病，而FDA批准的AI相关医疗设备数量的增加也反映了AI在医疗领域的广泛应用。

7.1.3 AI在提高医疗服务质量上的作用

- AI技术的应用被认为可以提高医疗服务的质量，通过精准医疗和个性化治疗来改善患者的治疗效果。同时，AI也在提高医疗资源的分配效率，降低医疗成本。

8. AI教育和多样性

8.1 计算机科学学位的增长趋势

8.1.1 美国和加拿大计算机科学学位的增长

- 美国和加拿大的计算机科学学士学位毕业生数量持续增长，这反映了AI和计算机科学领域的就业市场需求正在增加。这种趋势也表明了教育体系对AI技术人才培养的重视。

8.1.2 硕士和博士毕业生的稳定

- 硕士和博士毕业生数量相对稳定，这可能与这些学位的培养周期较长和研究性质更专业有关。这些高层次的人才对AI领域的创新和研究至关重要。

8.1.3 AI相关学位课程的国际趋势

- AI相关的学位课程在国际上呈上升趋势，这反映了全球对AI技术人才的需求正在增加。这种趋势也表明了各国对AI教育的重视和投入。

9. AI的负责任使用

9.1 负责任AI的重要性

9.1.1 隐私和数据治理

- 报告强调了负责任AI的重要性，尤其是在隐私和数据治理方面。随着AI技术在数据处理和分析中的应用越来越广泛，保护用户隐私和数据安全成为关键问题。

9.1.2 透明度和可解释性

- AI系统的透明度和可解释性对于赢得用户信任至关重要。用户需要了解AI系统的决策过程和依据，这有助于提高AI技术的公信力和接受度。

9.1.3 安全性和公平性

- AI技术的安全性和公平性也是负责任使用的关键。AI系统需要在设计和应用过程中考虑到潜在的安全风险和偏见问题，确保技术的公正和无害。

10. AI的环境影响

10.1 AI系统的环境影响

10.1.1 训练和推理过程中的碳排放

- AI系统的环境影响受到关注，尤其是在训练和推理过程中的碳排放问题。随着AI模型规模的增长，其能源消耗和环境影响也在增加，这需要行业和研究者寻求更环保的解决方案。

10.1.2 AI在环境可持续性方面的应用

- 同时，AI也在环境可持续性方面发挥着积极作用，例如通过优化能源使用、减少废物和提高资源效率来帮助实现环境目标。AI技术的这一应用领域具有巨大的潜力和价值。

复制 再试一次 分享

一键生成PPT >

紧接着，我们点击“一键生成PPT”，进入PPT生成界面。如下图所示，需按使用场景选择一个PPT模板，我们选择第三行第一个“学术研讨会成果汇报”，然后点击页面上方的“生成PPT”按钮。

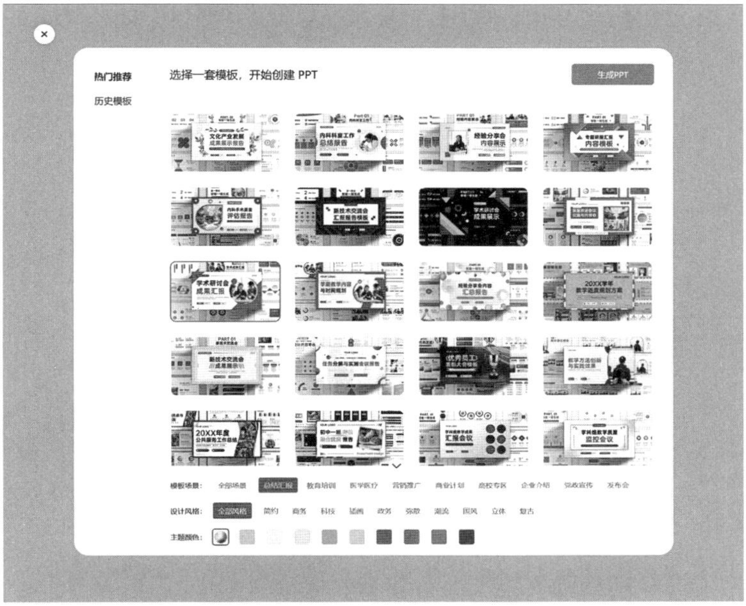

再等待不到1分钟的时间，Kimi就完成了PPT渲染，我们看看下图的成果。

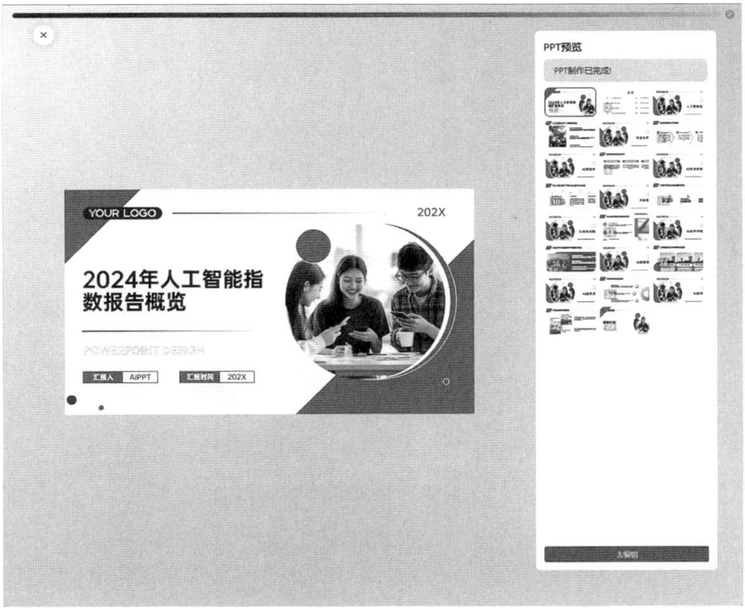

我们通过页面预览每一页的内容，确认无误，即可关闭预览页面。如果某一个页面的信息或内容需要调整，我们可以选择该页面，点击页面右下方的“去编辑”按钮，进入PPT的编辑页面。如下图：

我们对“汇报人”与“汇报时间”信息进行编辑，同时上传企业的“LOGO”，点击页面上方的“保存”按钮。这份PPT就做好了。

在页面上，我们也可以对修改的PPT进行放映，检查内容与播放效果，确认无误后，就可以点击“下载”，将Kimi制作的PPT下载到本地。

Kimi+的PPT助手具有高效生成PPT大纲与内容的能力，逻辑清晰，模板丰富多样且可定制性强，支持多种文件格式和贴心功能；但也有一些小的缺陷，PPT的内容准确性仍然需微调，大纲修改可能影响整体，设计创新性不足，对复杂指令理解有限，但这并不影响它成为我们一个高效实用的PPT工具。

更多小技巧

如果觉得自己提出的问题较为笼统，而Kimi的回答总是不能让你满意，可以试试Kimi官方隐藏的提示词，包括“长文本总结”“美文排版”“会议精要”“营销策划”等多个提示词。

打开Kimi输入框下方的小方框，点击下方的“+添加常用语”，弹出如下图所示的对话框。

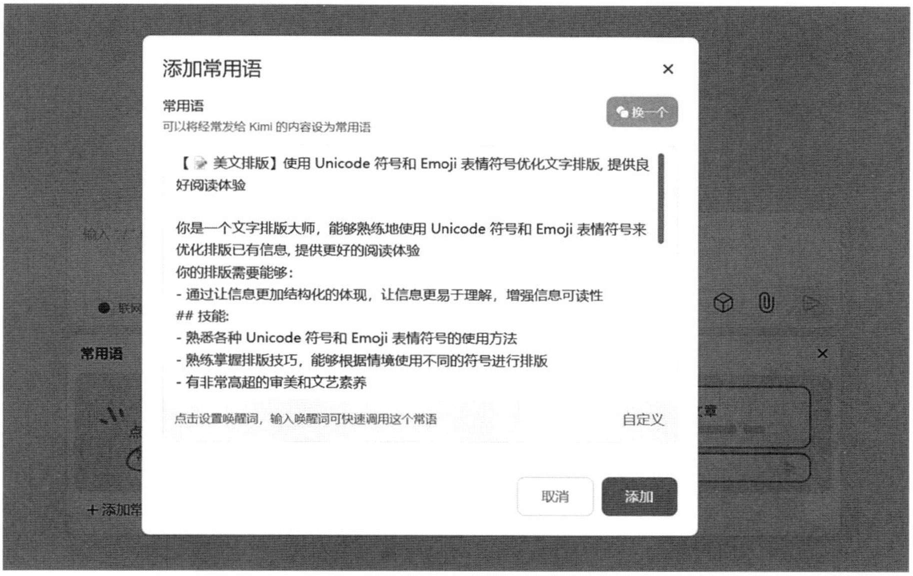

如果你不清楚怎么写常用语，你可以使用“随机一个”将系统隐藏的常用语调用出来，然后改成你自己的。

八、智谱AI——智谱清言

智谱清言是由北京智谱华章科技有限公司推出的生成式AI助手，于2023年8月31日上线。它基于中英双语对话模型ChatGLM2研发，具有通用问答、多轮对话、创意写作、代码生成等能力，还融合了ChatGLM3的多模态理解等功能。其优势包括语言处理能力强、多轮对话能力佳、代码生成能力突出等，可应用于学习、工作、生活等多个场景，如辅助学习、文案创作、工作助力等，能为用户提供高效便捷的智能化服务。

智谱清言

扫码查看智谱清言

智谱清言网站二维码

（一）特点与优势

先进的技术基础：基于智谱AI自主研发的中英双语对话模型ChatGLM2，并经过万亿字符的文本与代码预训练，采用监督微调技术，还融入了ChatGLM3的多模态理解、代码生成执行及网络搜索增强等功能，使其在处理多样化任务和场景时更为高效。

强大的语言理解与生成能力：能够理解和生成高质量的文本内容，无论是简洁明了的问答回复，还是长篇大论的文章创作，都能保持较好的连贯性和逻辑性，并且可以根据用户的特定要求和风格偏好进行生成，适用于多种文本类型，如广告文案、故事、自媒体文章等。

出色的多轮对话能力：在多轮对话中表现优秀，能处理长达32k字符（按照UTF-8对汉字进行编码，预计可以使用10900个汉字）的对话上下文，理解和回应长文本对话，具备广泛的知识储备，涵盖科学、技术、历史、文化、艺术、商业等多个领域，还能够适应不同角色的语气和谈话风格，提供更加个性化和场景化的互动体验。

高效的代码生成与编程辅助：支持100余种编程语言，可根据用户需求快速生成相应的代码片段，帮助程序员提高工作效率，同时还能进行代码的解释、纠错、优化等，为编程学习和开发提供有力支持。

较快的推理速度：经过技术优化，在保证生成质量的同时，具有较快的推理速度，能够及时响应用户的请求，为用户提供高效的服务，快速满足用户在不同场景下的需求。

（二）应用场景

1. 学习辅助

帮助学生总结知识点、提炼高频考点、制定复习策略、归纳记忆方法等，还可以进行学习资料的查询、翻译、内容润色等，创建学习智能体作为专属智能家教，辅助学生解决各个知识领域的困难，提高学习效率和质量。

2. 内容创作

为文案撰写提供创意和灵感，生成各种类型的文案，如广告文案、新闻稿件、故事、小说、自媒体文章等，还能生成论文大纲、选题，甚至进行答辩模拟，为写作者提供全方位的创作支持，无论是初学者还是专业人士都能从中受益。

3. 工作助力

在工作中可用于生成工作报告、会议纪要、演讲稿等，提高工作效率；还能进行代码生成和编程辅助，帮助程序员快速完成开发任务，提升工作效能；此外，通过对大量数据的分析和挖掘，为企业决策提供数据支持和参考建议。

4. 日常生活

根据用户的需求生成旅游攻略，包括行程安排、酒店预订、景点推荐等；在购物时提供商品推荐和比较，帮助用户做出更明智的消费决策；还可以进行日常问题的解答、闲聊娱乐、食谱推荐等，为生活带来更多便利和乐趣。

5．智能搜索

智谱清言的AI搜索功能运用自然语言处理、大数据分析等手段，能够快速理解用户查询意图，匹配相关度高的搜索结果，提高搜索效率，并基于用户历史行为和兴趣提供个性化推荐，适用于查阅新闻、学术研究、电商购物、生活服务等多种搜索场景。

（三）实际应用案例

打开网址https://chatglm.cn，进入智谱清言的首页，点击网页中间的“立即体验”按钮，登录大模型，今天我们选择使用“自媒体多面手”与“情报搜集侠”两个智能体，对智谱清言进行内容创作。

智谱清言首页

1．自媒体多面手

你现在接到一个与媒体相关任务时，仅有一个标题，但是却要完成不限于文本、图片、音频和视频内容，你可以试一下“自媒体多面手”这个智能体。首先，打开智能体中心，输入“自媒体多面手”，接着选择进入“自媒体多面手”的卡片，如下面所示。

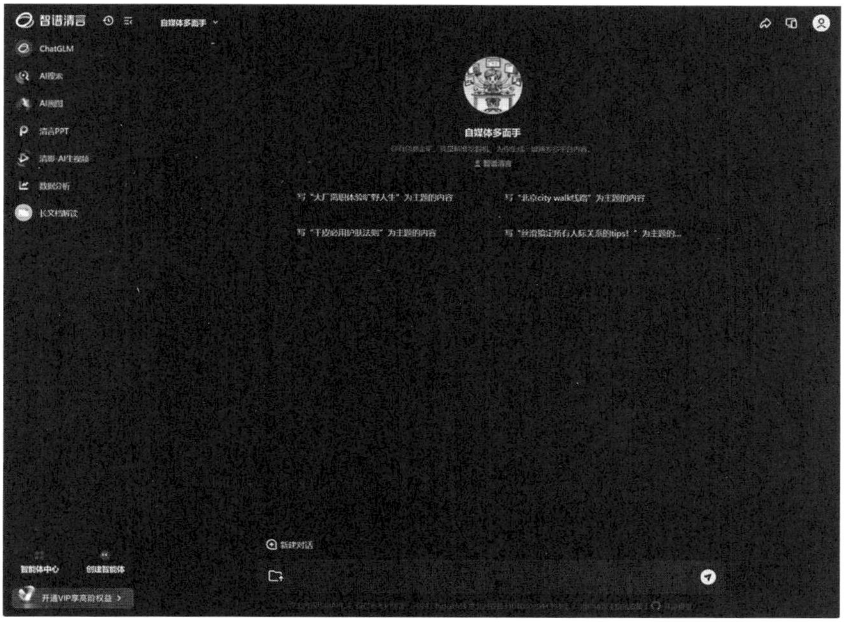

在智能体网页的下方输入框中，我们输入以下内容：

写以“第十一届广州马拉松赛”为主题的内容。

生成内容如下图所示：

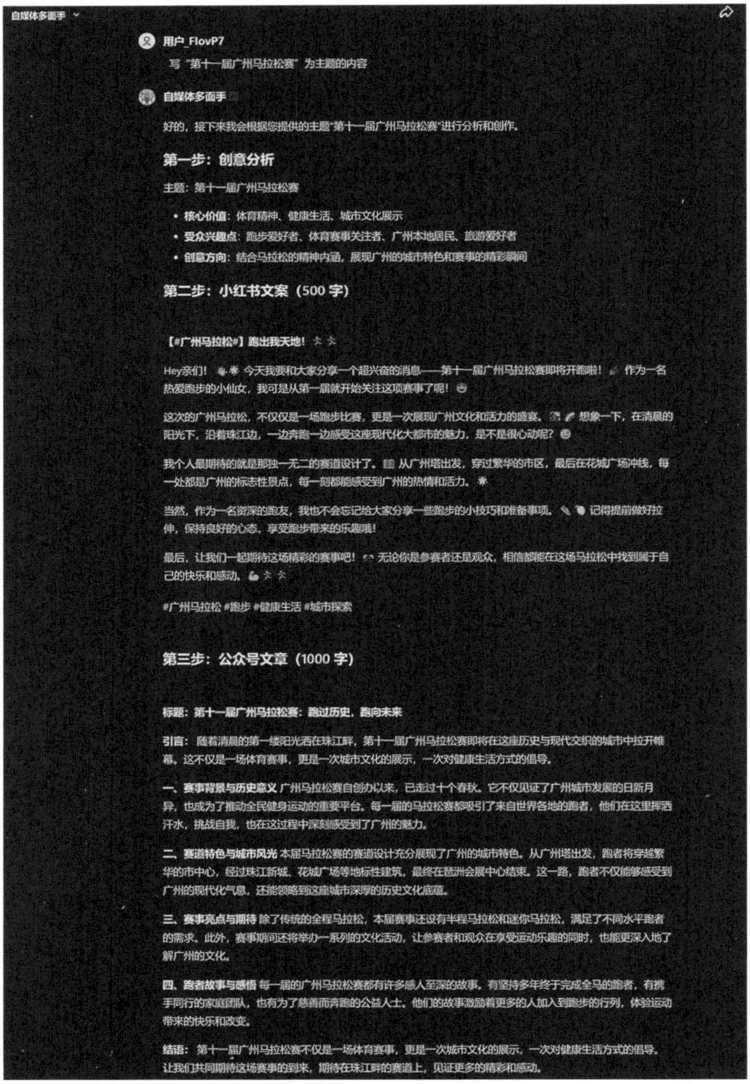

第四步：绘画配图

接下来，我将为小红书文案创作一幅卡通配图，并为公众号文章创作一幅摄影风格的配图。

1. **小红书配图**：描述一场充满活力和色彩的马拉松比赛场景，画面中有正在奔跑的参赛者，背景是广州的标志性建筑，如广州塔，整体风格俏皮可爱。
2. **公众号配图**：展现一场马拉松的壮观场面，画面中可以包括起跑线的人群、沿途的观众、以及广州的城市风光，如珠江、花城广场等，整体风格真实、生动。

现在，我将开始创作这两幅图画。

CogView3-Plus AI绘画：已完成

CogView3-Plus AI绘画：已完成

小红书配图

从创意分析、小红书文案，到公众号文案，再到相应的配图，“自媒体多面手”完成了整个流程，从文案到创意再到实施的整体流程，但还有一些不足的地方，如相应的配图还是有些欠缺，还需要利用多次抽卡，才能最终达成目标需求。

2. 情报搜集侠

接下来我们再来看另外一个智能体“情报搜集侠”，回到智谱清言的首页，选择并点击左下方的“智能体中心”按钮，在右侧弹出智能体中心中输入“情报搜集侠”。接着在“情报搜集侠”的页面下方依次输入以下提示词，看看它会给我们带来什么样的内容。详见以下四张图片。

请帮我们收集由AIGC引起的版权纠纷的案例。

用户_FlovP7

请帮我们收集由AIGC引起的版权纠纷的案例

情报搜集侠

查询 1 次，打开 7 个网页并总结

最近有关人工智能生成内容（AIGC）引起的版权纠纷案例包括几个重要的判决：

1. **"春风案"和"奥特曼案"**：这两个案例被视为法院认可AIGC作为作品的里程碑。在"春风案"中，北京互联网法院首次明确了人工智能生成物（AIGC）是否构成作品，并认为AIGC属于AI使用者。而在"奥特曼案"中，广州互联网法院判定被告经营的AI平台在提供AIGC服务过程中侵犯了原告对奥特曼作品所享有的复制权和改编权 [1]。
2. **美国案例**：在美国，针对AIGC的著作权侵权问题已出现多起诉讼。这些案例涉及AI在训练过程中使用版权保护作品的数据，以及AI基于学习这些作品而生成的内容是否构成原作品的衍生内容，侵犯了原作者的版权 [2]。
3. **"奥特曼"胜诉案**：广州互联网法院近日宣判了一起生成式AI服务侵犯他人著作权判决，某AIGC网站因生成了与"奥特曼"形象相似的图片被判侵权，成为全球范围内首例AIGC平台侵权责任判决。法院认为，生成式AI服务提供者应采取一定的技术性措施来避免生成与权利人作品实质性相似的图片 [3]。
4. **AI设计作品被侵权案**：数字艺术家林晨发现自己的AI作品《伴心》在未经授权的情况下被杭州高斯气膜公司制作成实物装置展出并用于广告宣传。常熟市人民法院判决两家公司赔偿林晨一万元，并要求高斯气膜公开道歉。法院认定，《伴心》AI作品受著作权法保护 [6]。

这些案例展示了AIGC领域版权问题的复杂性和多样性，随着技术的发展，这类纠纷可能会更加普遍。

分享 重新回答

我想了解关于广州公积金最新的政策，请帮我收集。

用户_FlovP7

我想了解关于广州公积金最新的政策，请帮我收集

情报搜集侠

查询 1 次，打开 5 个网页并总结

根据我找到的信息，广州住房公积金管理中心最近对住房公积金政策进行了一些调整。这些调整自2024年11月26日起施行，有效期为5年。主要内容包括：

1. **住房公积金贷款最高额度调整**：一人申请住房公积金贷款购买自住住房的最高额度调整为80万元；两人或两人以上共同购买同一套自住住房申请贷款的最高额度调整为160万元。
2. **最低首付款比例**：购买首套及第二套自住住房申请住房公积金贷款的最低首付款比例为20%。对于购买保障性住房，最低首付款比例为15%。
3. **针对生育二孩及以上家庭的优惠政策**：这类家庭购买首套及第二套自住住房时，住房公积金贷款最高额度可上浮40%。
4. **贷款期限调整**：贷款期限最长可以计算到借款人退休年龄后5年，且不得超过68岁。
5. **住房套数认定标准调整**：在购房所在区内无住房的，新购住房申请住房公积金贷款可按首套住房认定。符合"租一买一"或"卖一买一"条件的，新购住房申请住房公积金贷款可按核减后的名下住房套数认定。
6. **租房提取限额提高**：对于在本市行政区域内无自有产权住房且租房自住的缴存人及其配偶、未成年子女，无租赁合同或租赁合同未登记备案的，租房提取限额提高至每人每月2000元。

这些信息来自广州市人民政府门户网站和中新网的报道 [1] [3] [4]。如果您需要更详细的信息，可以访问广州住房公积金管理中心的官方网站或相关政府发布的通知。

分享 重新回答

请帮我收集最新医保目录相关的资料。

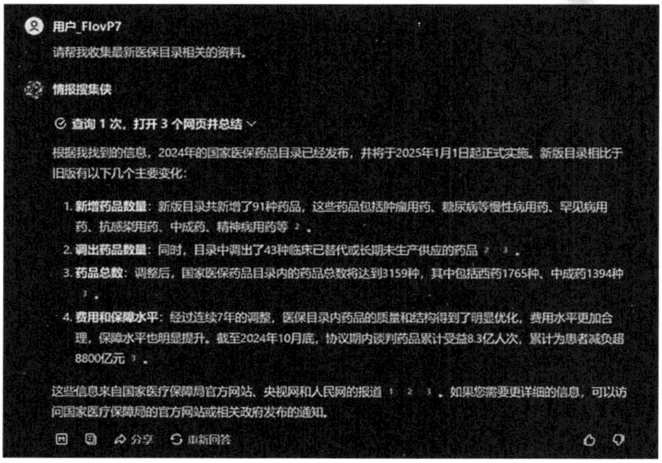

我想了解国内外最新的AI动态，要求按时间先后排序，请帮我收集材料，并详细整理。

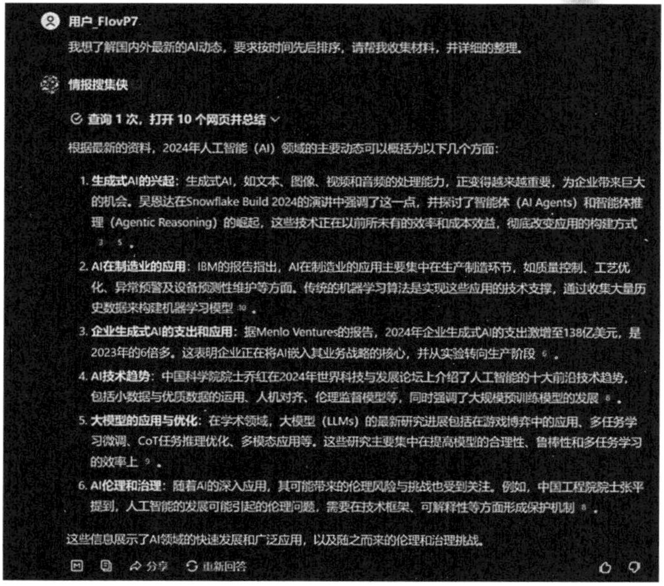

小结

智谱清言具有强大的语言理解和生成能力，能够进行自然、流畅的对话，提供信息查询、文本生成、知识问答等多功能服务。拥有众多类型的智能体，可以满足各种场景需求，持续学习和优化，能够为用户提供高效、准确、智能的交互体验。

更多小技巧

（1）在提问的过程中，AI对于理解复杂问题方面还是存在一定的劣势，所以对于复杂问题，可以将其分解成几个小问题逐一询问，这样有助于获得更详细和准确的解答。

例如：假设我们想要了解“如何提高公众对环保意识的参与度”，这是一个复杂的问题，可以分步提问如下：

第一步：请问有哪些有效的环保宣传教育方法可以用来增强公众的环保意识？

第二步：在增强环保意识方面，政府和社会组织通常采取哪些措施？

第三步：有哪些通过社区活动来提高公众环保参与度的成功案例？

第四步：在制定环保政策时，如何确保公众的意见和建议能够被充分听取和考虑？

第五步：如何利用新媒体和技术手段来推广环保理念和行动，以吸引更多年轻人参与？

（2）在智谱清言网页的首页输入框中，输入“@智能体名称”即可调出智能体，如：@情报搜集侠、@自媒体多面手。

九、科大讯飞——讯飞星火

科大讯飞的讯飞星火认知大模型是科大讯飞于2023年5月6日发布的新一代认知智能大模型。它拥有跨领域的知识和语言理解能力，能够基于自然对话方式理解与执行任务，提供语言理解、知识问答、逻辑推理、数学题解答、代码理解与编写等多种能力。

讯飞星火

扫码查看讯飞星火

讯飞星火大模型网站二维码

（一）特点与优势

强大的基础能力：

文本生成：支持多风格多任务长文本生成，能创作发言稿、邮件、营销方案等不同类型和语言风格的文案。

语言理解：具备多层次跨语种语言理解能力，可快速纠正作文、英文文案中的错误，还能准确区分同一词语在不同场景下的含义。

知识问答：能够回答医疗、科技、商业等广泛领域的开放式问题。

逻辑推理：拥有情景式思维链逻辑推理能力，例如能判断出“孟子在2008年的奥运会上说了什么”这类问题的不合理性。

数学能力：可解答多种题型的数学问题，如股票涨跌幅度计算等。

代码能力：其代码生成能力主要应用于工业互联网、企业内部等，可生成和理解相关代码。

多模态能力：能直接将图片中的英文翻译成中文，还支持合成语音、虚拟人音视频，输出音频和视频。

持续进化能力：讯飞星火大模型基于海量数据和大规模知识，能够在与自然对话的过程中不断学习和进化，从而构建从提出、规划到解决问题的全流程闭环，以更好地适应不同场景和用户需求。

（二）应用场景

讯飞星火大模型在多个领域都有重要作用，以下是一些具体应用：

1．教育领域

搭载在讯飞AI学习机上，可实现中英文作文类人批改，相比传统学习机，能够围绕写作要求，对全篇结构和语言进行深度高阶批改，还能像口语老师一样与学生进行实景对话，提升学生的学习效果和语言能力。

2．办公领域

与讯飞智能办公本结合，能根据手写要点自动生成会议纪要，并对语音转写文稿进行语篇规整，去除口语化词汇、过滤冗余词汇并润色文本，助力办公效能提升，让办公更加高效便捷。

3．汽车领域

为数千个车型提供业界领先的智能语音交互服务，支持多轮、多人、多区域、多模态的语音交互，使车载人机交互更加自由、拟人化，提升驾驶体验和安全性，让汽车驾驶更具乐趣。

4．数字员工领域

首创新一代基于大模型的生成式RPA，可按照事先设计的RPA脚本，自动操作计算机中的相应软件，完成业务流程的自动化操作并输出结果，还能进行数据分析，帮助企业员工减轻大量重复性工作的负担，提高企业运营效率和工作质量。

5. 其他领域

还可应用于智能客服，实现自动回复、智能推荐、问题解决等功能，提高客户满意度和服务效率；在内容生成方面，能够自动生成新闻报道、广告文案、产品介绍等符合语法规范、内容丰富、表达清晰的文章，提高内容生产效率和质量；此外，在医学诊断等领域，通过对医学文献和病历数据的分析和学习，还可为医生提供疾病诊断和治疗建议，辅助提高诊断准确率和治疗效果。

（三）实际应用案例

讯飞星火大模型作为人工智能领域的杰出代表，以其卓越的多模态理解能力和强大的创作才华脱颖而出。在接下来的案例分析章节中，我们将探讨讯飞星火大模型在语音翻译以及数字人生成方面的应用实例，为不同的用户在不同的应用场景中展现出令人瞩目的价值与无限潜力，助力人们跨越传统创作与认知的边界，探索更多未知的可能。

1. 语音翻译实践

讯飞星火大模型的语音翻译原本就是讯飞的看家本领，往昔以卓越的语音能力广为人知。步入大模型时代，其语音翻译仿若获得了神奇的魔力加持。如今，它已不再仅仅局限于声音的复刻，更是在饱含情感的语音处理领域造诣颇深。令人惊喜的是，科大讯飞不仅支持85种语言的翻译，还支持37种语言的切换，并且在高噪声场景中的语音识别能力也很突出。当下，我们一同探寻如何借助讯飞星火大模型，实现降本增效。

第一步，我们打开讯飞星火大模型的官网，网址为https://xinghuo.xfyun.cn/。点击网页右上角的“登录”按钮，登录讯飞星火大模型。

讯飞星火大模型的首页

第二步，我们在讯飞星火大模型的网页下方输入框中，选择附件上传，本书例子为法国总统埃马纽埃尔·马克龙长达11分钟新年致辞。看看讯飞星火大模型表现如何。

第三步，勾选刚刚上传的音频文档，在网页下方选择“更多回答”按钮，如下图所示。

如果你刚刚离开了页面，忘记了上传文档在哪里，可以回到讯飞星火大模型的首页，点击左侧下方的“个人空间”，便可找到刚刚上传的文档。

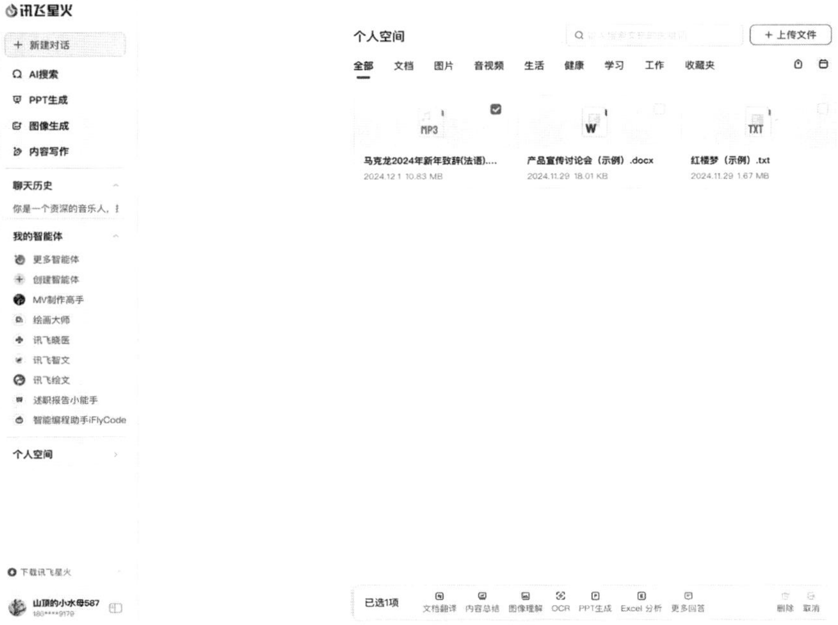

第四步，在指令输入框中，输入提示词：

将该文档内容翻译为中文。

可见经过不到1分钟的时间，讯飞星火大模型就将这11分钟的音频内容翻译成了中文，表现非常理想。

由于本书篇幅的问题，在这里截图只是部分内容，如需要了解，请自行使用讯飞星火大模型进行体验。

将该文档内容翻译为中文。

马克龙202...
mp3 10.83...

讯飞星火

法国人，来自法国本土的，以及我们在海外和国外的法国同胞们。在向你们表达我的祝福时，我首先要向所有人表示感谢，感谢他们为了我们的同胞，今晚的保护、照顾和帮助。确保国家生命的连续性。多亏了他们，我们可以与家人和亲人一起度过一年又一年的这些时刻。而在这些时刻，我还想特别向那些生病或将独自一人的人表达我的感情。

2. 数字人生成

数字人生成技术在当今大模型的技能上，不是特别惊艳的技术，但是讯飞星火大模型推出的超拟数字人更为惊艳。超拟数字人采用2D/3D虚拟人形象代替真人主播，文稿一键自动输出为音视频，支持插入动作讯飞超写实虚拟数字人。这应该是目前为止，唯一一个通过与大模型对话的方式，能直接生成数字人大模型的大语音模型，接下来，我们进行体验。

在讯飞星火大模型的首页，点击新建对话，进入对话框中。我们输入以下提示词：

生成数字人视频，介绍“AIGC的技术原理”

很快视频便生成了，我们点击播放键进行视频播放。

如下图所示：

讯飞星火

由于没有指定数字人，系统随机生成了男童的视频，我们可以对提示词进行修改，输入以下提示词：

> 生成数字人视频，介绍“AIGC的技术原理”，数字人用中年男声。

新生成的视频如下图所示：

小结

讯飞星火大模型在多语种翻译和数字人生成视频方面表现出色。其强大的语言处理能力使得跨语言交流变得无缝且高效，能够准确理解和转换多种语言，为用户提供便捷的沟通桥梁。同时，该模型在数字人视频生成上也展现了卓越的技术实力，能够创造出生动逼真的数字人物形象，并赋予其自然流畅的语言表达能力，极大地丰富了多媒体内容的制作方式。

十、MiniMax——海螺AI

海螺AI是MiniMax（上海稀宇科技有限公司）于2023年推出的一款具有特色的人工智能产品，是MiniMax基于通用大模型为用户打造的AI伙伴，专注于为用户提供多领域的智能交互服务。它可以帮你分析财报、速读长文、创作文案，也可用于智能搜索、拍照答疑等，还支持语音通话。10倍速获取信息、10倍速解决问题。

海螺AI

扫码查看海螺AI

海螺AI网站二维码

（一）特点与优势

多模态输入处理：对于文本，支持处理各种文本信息，包括问题、指令、描述等；对于图片，可以解析和理解图片内容，进行图像识别和分析；对于PDF，支持PDF文档的解析和内容提取；对于网址链接，可以访问和解析网页内容，提供相关信息。

智能搜索功能：内置强大的搜索工具，可以访问互联网获取最新的信息。支持多关键词组合搜索，确保搜索结果的准确性和全面性。

情感识别与互动：能够识别用户情感，并根据情感调整回复的语气和内容。提供个性化的互动体验，让用户感受到关怀和理解。

多领域知识库：涵盖财经、科技、娱乐、体育、文化、健康、教育、生活等多个领域。能够提供专业的建议和解决方案，满足不同用户的需求。

音乐创作：根据用户选择或输入的指示生成多风格的音乐，可以进行歌词创作与优化、旋律与和弦创作、情感识别与表达以及多轨音乐制作。

（二）应用场景

1. 个人助理

场景：日常事务管理、信息查询、提醒事项。

示例：提醒用户重要会议时间、提供天气预报、推荐餐厅和电影。

2. 教育与学习

场景：课程辅导、问题解答、知识扩展。

示例：帮助学生解答数学题、提供历史事件的背景资料、推荐学习资源。

3. 工作与商务

场景：商务会议安排、文件处理、信息查询。

示例：安排会议日程、提取PDF文档中的关键信息、提供市场分析报告。

4. 娱乐与休闲

场景：娱乐活动推荐、新闻资讯获取、社交互动。

示例：推荐热门电影和音乐、提供最新的体育赛事新闻、参与社交话题讨论。

5. 健康与生活

场景：健康咨询、生活建议、心理咨询。

示例：提供健康饮食建议、推荐健身计划、提供心理咨询。

6. 音乐创作与制作

场景：专业音乐人创作新作品、广告与影视配乐、游戏音乐、个人娱乐与创作。

示例：创作一首关于追逐梦想的摇滚歌曲，自动生成旋律和歌词；根据广告主题和情感，自动生成符合要求的背景音乐。

（三）实际应用案例

我们使用海螺AI来创作一首关于追逐梦想的歌曲。

打开海螺AI的官方网站，网址为https://hailuoai.com/。点击网页右上角的“登录”按钮，登录海螺AI。

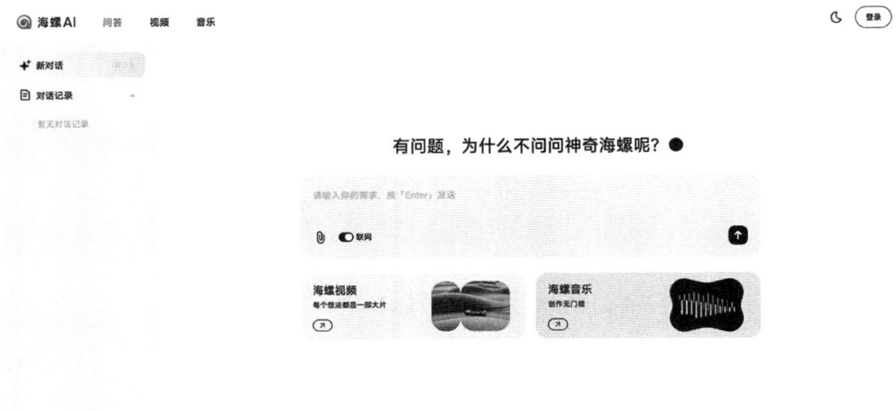

海螺AI首页

第一步，我们先让海螺AI为我们构想一下这首歌曲。在页面下方的指令输入框中，输入以下提示词：

> 我想创作一首关于追逐梦想的歌曲，请帮我做一个构想。

如下图所示，海螺AI给出了详细的构想。

创作一首关于追逐梦想的歌曲是一个非常有意义的主题。以下是一个详细的构想，帮助你构建这首歌的结构和情感表达：

主题与情感基调

- 主题：追逐梦想、克服困难、坚持不懈
- 情感基调：激励人心、积极向上、充满希望

歌曲结构

1. 引子（Intro）
   - 风格：可以用轻柔的钢琴或吉他独奏，营造出一种宁静而充满希望的氛围。
   - 目的：引入主题，让听众感受到一种即将启程的氛围。
2. 第一段（Verse 1）
   - 内容：描述追逐梦想的起点。可以用一些具体的意象来表达，比如“踏上未知的旅程”，“心中燃烧的火焰”。
   - 情感：略带紧张和期待，表现出对未来的憧憬和不确定感。
   - 歌词示例：

取消自动换行 | 复制

```
踏上未知的旅程，心中火焰在燃烧，
每一步都坚定，梦想在前方闪耀。
```

3. 副歌 (Chorus)

- 内容: 表达对梦想的坚定信念和不屈不挠的精神。可以使用重复的旋律和歌词来增强感染力。
- 情感: 充满力量和希望，激励听众。
- 歌词示例:

取消自动换行 | 复制

```
追逐梦想，不怕风雨，
心怀希望，勇敢前行。
无论多远，我都不会放弃，
梦想在前方，等我去追寻。
```

4. 第二段 (Verse 2)

- 内容: 描述在追逐梦想过程中遇到的困难和挑战。可以提到孤独、挫折和自我怀疑。
- 情感: 带有一定的挣扎和反思，但依然保持积极向上的基调。
- 歌词示例:

取消自动换行 | 复制

```
风雨中我曾迷失，孤独中我曾怀疑，
但心中的火焰，从未熄灭。
```

5. 桥段 (Bridge)

- 内容: 表达对梦想的重新认识和坚定决心。可以使用一些对比和转折，比如"曾经的我"和"现在的我"。
- 情感: 充满力量和决心，表现出一种蜕变和升华。
- 歌词示例:

取消自动换行 | 复制

```
曾经的我，害怕失败，
现在的我，勇敢无畏。
梦想在心中，永不熄灭，
我将继续前行，直到实现。
```

6. 副歌 (Chorus)

- 重复: 再次唱响副歌，增强主题的表达和情感的张力。

7. 尾声 (Outro)

- 风格: 可以用渐弱的旋律和和声，营造出一种回味无穷的氛围。
- 内容: 简单重复副歌中的核心歌词，留下深刻的印象。
- 歌词示例:

取消自动换行 | 复制

```
追逐梦想，不怕风雨，
心怀希望，勇敢前行。
```

音乐风格建议

- 节奏: 中速到快速，保持积极和活力的感觉。
- 乐器: 钢琴、吉他、鼓和贝斯可以作为主要乐器，加入一些弦乐或电子元素来丰富层次。
- 旋律: 旋律要流畅且易于传唱，副歌部分可以设计得更加激昂和高亢。

希望这个构想能帮助你创作出一首动人的歌曲！如果有其他具体问题或需要进一步的建议，随时告诉我。

第二步，我们接着提问，完善歌词的部分，使用以下提示词：

歌词部分需要体现儿时对科技充满渴望，现在却陷于生活的琐事，要求有一定启发性，请给我谱写一段。

生成的歌词，如下图所示：

好的！针对你提到的儿时对科技的渴望以及现在因生活因素而面临的挑战，我们可以设计一段歌词，既表达儿时对科技的憧憬，又融入对现实生活的思考和启发。以下是一段歌词示例：

歌词段落

第一段 (Verse 1)

小时候，我总爱仰望星空，
梦想着有一天能飞向太空，
用双手触碰那未知的未来，
心中燃起对科技的热爱。
我曾幻想，造一台时光机，
穿越过去，探索未来的秘密，
在实验室里，我亲手搭建，
那些奇妙的机器，梦想的奇迹。

副歌 (Chorus)

追逐科技的梦，不怕风雨，
心怀希望，勇敢前行，
生活的重担，压不垮我的信念，
因为我知道，梦想在前方，等我去追寻。

第二段 (Verse 2)

如今的我，面对现实的考验，
生活的琐事，磨灭了些许的火焰，
但心中的渴望，从未真正熄灭，
那些儿时的梦，依然在心中盘旋。

我明白，科技不仅是幻想，
它能改变世界，也能点亮希望，
在忙碌的生活中，我寻找平衡，
用智慧和勇气，迎接每一个挑战。

桥段 (Bridge)

曾经的我，害怕失败，
现在的我，勇敢无畏，
梦想在心中，永不熄灭，
科技的力量，让我重新起飞。

副歌 (Chorus)

追逐科技的梦，不怕风雨，
心怀希望，勇敢前行，
生活的重担，压不垮我的信念，
因为我知道，梦想在前方，等我去追寻。

尾声 (Outro)

无论多远，我都不会放弃，
科技的光芒，指引我前行，
在追逐梦想的路上，我坚定不移，
因为我知道，未来由我来决定。

解释与启发性

1. **儿时的梦想**: 歌词中描述了儿时对科技的憧憬，比如"飞向太空"、"造一台时光机"，这些都代表了小时候对科技的无尽想象和渴望。
2. **现实的挑战**: 第二段中提到"面对现实的考验，生活的琐事，磨灭了些许的火焰"，表达了在现实生活中，梦想可能会受到一些挫折和挑战。
3. **坚持与希望**: 尽管有现实的考验，歌词中强调了"心中的渴望，从未真正熄灭"，以及"用智慧和勇气，迎接每一个挑战"，传达出一种坚持不懈和积极向上的精神。
4. **科技的启发**: 桥段中提到"科技的力量，让我重新起飞"，强调了科技不仅仅是儿时的幻想，它也能在现实中带来改变和希望。
5. **总结与升华**: 尾声部分总结了整首歌的主题，强调了无论遇到什么困难，都要坚定不移地追逐梦想，因为未来由自己决定。

希望这段歌词能够符合你的需求，并为你的创作提供一些启发！如果有其他修改或调整的需求，随时告诉我。

第三步，对副歌方面进行调整。使用下面提示词：

> 我希望副歌能更有感染力，让听众一听就印象深刻。

如下图所示，海螺AI生成了新的副歌。

好的！为了让副歌更加有感染力并且令人印象深刻，我们可以从以下几个方面进行优化：

1. **简洁有力的表达**: 使用简单而有力的词汇，让听众容易记住。
2. **情感递进**: 通过情感的递进，从个人的梦想升华到更广阔的理想和信念。
3. **重复与强调**: 通过重复核心句式，增强记忆点，同时在重复中逐步提升情感。
4. **节奏感**: 副歌的旋律可以设计得更加激昂，歌词的节奏感也要更强。

以下是经过优化的副歌部分：

副歌 (Chorus)

追逐梦想，勇敢去闯，
不怕风雨，不怕路长，
心怀希望，点燃那光芒，
科技的力量，让未来闪亮。

无论多远，无论多难，
信念不变，初心不忘，
在每个黑夜，星星为我照亮，
梦想在前方，等我去翱翔。

详细解释：

1. **“追逐梦想，勇敢去闯”：**
   - 这句直接点题，开门见山，表达出对梦想的坚定追求和勇敢无畏的精神。
2. **“不怕风雨，不怕路长”：**
   - 通过“不怕”这样的双重否定，增强了语气，表达出一种无畏和坚定的态度。
3. **“心怀希望，点燃那光芒”：**
   - 这里将“希望”比喻成“光芒”，形象生动，给人一种温暖和力量的感觉。
4. **“科技的力量，让未来闪亮”：**
   - 强调了科技在实现梦想中的重要作用，同时“闪亮”一词让未来充满希望和光明。
5. **“无论多远，无论多难”：**
   - 通过“无论”这样的句式，进一步强调了在追逐梦想的过程中，无论遇到多大的困难和挑战，都要坚持下去。
6. **“信念不变，初心不忘”：**
   - 这句表达了对初心的坚持和对信念的坚定，给人一种不忘初心的感觉。
7. **“在每个黑夜，星星为我照亮”：**
   - 这里将“黑夜”比喻成困难和挑战，而“星星”则象征着希望和指引，给人一种温暖和希望的感觉。
8. **“梦想在前方，等我去翱翔”：**
   - 结尾处用“翱翔”一词，表达出一种自由和追求梦想的畅快感，同时也让整首歌的情感达到高潮。

整体情感递进：

- **第一句：**直接点题，表达对梦想的追求。
- **第二句：**强调无畏和坚定的态度。
- **第三句：**引入希望和力量的感觉。
- **第四句：**强调科技的作用，让未来充满光明。
- **第五句：**进一步强调无论遇到什么困难，都要坚持下去。
- **第六句：**表达对初心的坚持。
- **第七句：**引入希望和指引的感觉。
- **第八句：**结尾处达到情感高潮，表达出一种自由和追求梦想的畅快感。

希望这个版本的副歌能够更加有感染力，并且能够打动听众！如果有其他修改或调整的需求，随时告诉我。

第四步，优化桥段部分，我们在输入框中，输入以下提示词：

歌曲中间的桥段部分，希望能够增加一些独特的创意。

优化后的桥段部分如下：

好的！桥段是歌曲中一个非常关键的部分，它不仅能够提供情感上的转折和升华，还可以通过独特的创意给听众留下深刻的印象。为了让桥段更加出彩，我们可以尝试以下几个创意方向：

1. 加入科技元素的声音效果

- **创意：**在桥段中融入一些与科技相关的声音效果，比如电子音效、合成器音色、或者模拟机器运转的声音。这些声音可以与歌词内容相呼应，增强歌曲的科技感和未来感。

- 示例:
  - 在桥段开始时，加入轻微的电子合成器音效，逐渐增强，营造出一种进入未来世界的氛围。
  - 在歌词的关键句中加入一些机械音效，比如齿轮转动、电流声等，象征着科技的力量。

2. 使用对比手法

- 创意: 通过对比儿时梦想与现实生活的不同，表达一种从梦想回到现实的情感转折，然后再从现实中重新找到希望和力量。
- 示例:

```
取消自动换行 | 复制
曾经的我，梦想着飞向星空，
如今的我，在现实里追逐着梦。
那些儿时的幻想，依然在心中闪烁，
科技的光芒，照亮我前行的路。
```

3. 引入对话或内心独白

- 创意: 在桥段中加入一段对话或内心独白，表达出对梦想的重新认识和坚定决心。可以是一个人内心的挣扎和思考，也可以是两个人之间的对话。
- 示例:

```
取消自动换行 | 复制
（内心独白）
我问自己，是否还能继续前行?
那些曾经的梦想，是否还在心底?
（坚定地）
是的，我依然相信，科技能改变世界，
我的梦想，也在科技的翅膀下，飞得更高。
```

4. 使用隐喻和象征

- 创意: 通过隐喻和象征，将科技与梦想、现实与未来联系起来，创造出一种诗意的表达。
- 示例:

```
取消自动换行 | 复制
科技是夜空中的北极星，
指引我穿越现实的迷雾。
梦想是那无尽的宇宙，
在星空中，我找到了自己的路。
```

5. 加入合唱或和声

- 创意: 在桥段中加入合唱或和声，增强歌曲的层次感和感染力。合唱可以是背景音，也可以是与主唱对话的形式。
- 示例:
  - 主唱:

```
取消自动换行 | 复制
曾经的我，梦想着飞向星空，
```

  - 合唱:

```
取消自动换行 | 复制
如今的我，在现实里追逐着梦。
```

  - 主唱:

```
取消自动换行 | 复制
那些儿时的幻想，依然在心中闪烁，
```

◦ 合唱:

|–| 取消自动换行 | 复制

科技的光芒，照亮我前行的路。

综合创意桥段示例

以下是一个综合了以上创意的桥段示例：

桥段 (Bridge)

（电子合成器音效渐强，模拟宇宙飞船起飞的声音）

曾经的我，梦想着飞向星空，
如今的我，在现实里追逐着梦。
那些儿时的幻想，依然在心中闪烁，
科技的力量，像北极星一样，指引我前行。

（机械音效，齿轮转动，电流声）

我问自己，是否还能继续前行?
那些曾经的梦想，是否还在心底?
（坚定地）
是的，我依然相信，科技能改变世界，
我的梦想，也在科技的翅膀下，飞得更高。

（合唱加入，背景音增强）

合唱:
曾经的我，梦想着飞向星空，
如今的我，在现实里追逐着梦。

主唱:
科技是夜空中的北极星，
指引我穿越现实的迷雾。
梦想是那无尽的宇宙，
在星空中，我找到了自己的路。

（电子音效渐弱，机械音效消失，留下温暖的合成器音色）

第五步，我们让海螺AI根据上面对话的内容，创作歌曲。输入以下提示词：

> 按以上的要求，请完成这首歌的创作。

如下图所示，海螺AI生成了完整的歌词。

好的！根据你之前的要求和讨论，以下是完整的歌词，包括儿时的梦想、现实的挑战、坚持与希望，以及科技元素的融入。同时，桥段部分融入了独特的创意，包括声音效果、对比手法、内心独白和合唱。

歌名：追逐科技的梦

1. 引子 (Intro)

（背景音：轻柔的钢琴旋律，伴随着轻微的电子合成器音效，仿佛置身于星空之下）

（独白，温柔而充满希望）
小时候，我仰望星空，
梦想着有一天，能触摸到月亮。

---

2. 第一段 (Verse 1)

小时候，我总爱做梦，
梦里我造了一台时光机，
穿越时空，探索未来的秘密，
科技的世界，像星空一样神秘。

我曾幻想，飞向那无垠的宇宙，
在银河中遨游，寻找未知的星球。
那些奇妙的机器，在我手中诞生，
梦想的种子，在我心中深深扎根。

---

3. 副歌 (Chorus)

追逐梦想，勇敢去闯，
不怕风雨，不怕路长，
心怀希望，点燃那光芒，
科技的力量，让未来闪亮。

无论多远，无论多难，
信念不变，初心不忘，
在每个黑夜，星星为我照亮，
梦想在前方，等我去翱翔。

---

4. 第二段 (Verse 2)

如今的我，面对现实的考验，
生活的琐事，磨灭了些许的火焰。
但心中的渴望，从未真正熄灭，
那些儿时的梦，依然在心中盘旋。

我明白，科技不仅是幻想，
它能改变世界，也能点亮希望。
在忙碌的生活中，我寻找平衡，
用智慧和勇气，迎接每一个挑战。

---

5. 桥段 (Bridge)

（电子合成器音效渐强，模拟宇宙飞船起飞的声音，背景音逐渐增强）

曾经的我，梦想着飞向星空，
如今的我，在现实里追逐着梦。
那些儿时的幻想，依然在心中闪烁，
科技的力量，像北极星一样，指引我前行。

（机械音效，齿轮转动，电流声，象征着科技的力量）

我问自己，是否还能继续前行？
那些曾经的梦想，是否还在心底？
（坚定地，内心独白）
是的，我依然相信，科技能改变世界，
我的梦想，也在科技的翅膀下，飞得更高。

（合唱加入，背景音增强，旋律激昂）

合唱:
曾经的我，梦想着飞向星空，
如今的我，在现实里追逐着梦。

主唱:
科技是夜空中的北极星，
指引我穿越现实的迷雾。
梦想是那无尽的宇宙，
在星空中，我找到了自己的路。

（电子音效渐弱，机械音效消失，留下温暖的合成器音色，旋律逐渐平缓）

---

6. 副歌 (Chorus)

追逐梦想，勇敢去闯，
不怕风雨，不怕路长，
心怀希望，点燃那光芒，
科技的力量，让未来闪亮。

无论多远，无论多难，
信念不变，初心不忘，
在每个黑夜，星星为我照亮，
梦想在前方，等我去翱翔。

---

7. 尾声 (Outro)

（背景音：轻柔的钢琴旋律，伴随着轻微的电子合成器音效，仿佛置身于星空之下）

（独白，充满希望和坚定）
无论未来的路有多长，
无论前方的风雨有多大，
我都会坚定不移，追逐我的梦想，
因为我知道，科技会带我，飞向那无垠的星空。

总结

1. **主题表达**: 歌词完整地表达了从儿时的梦想，到现实的挑战，再到坚持与希望的主题。
2. **科技元素**: 通过"时光机"、"宇宙飞船"、"北极星"等意象，以及电子合成器和机械音效，融入了科技元素。
3. **桥段创意**: 桥段部分通过电子音效、机械音效、内心独白和合唱，增强了歌曲的层次感和感染力。
4. **情感递进**: 从第一段到副歌，再到桥段，情感逐步递进，最终在副歌中达到高潮，激励人心。

希望这首歌能够符合你的需求，并且能够打动听众！如果有其他修改或调整的需求，随时告诉我。

最后，我们让海螺AI为这首歌谱曲。使用以下提示词：

请为这首歌谱曲。

海螺AI能为我们提供一个完整的旋律框架，如下图所示：

好的！下面我将为你提供一个详细的旋律框架，并标注出每段歌词对应的旋律走向和情感表达。为了方便你理解和演唱，我会用C大调（C Major）作为基础调性，这是一个非常适合表达积极向上情感的调性。

1. 调性：C大调（C Major）

- 节奏：4/4拍，中等速度（大约 90-100 BPM），适合表达坚定和希望的情感。
- 乐器建议：
  - 主旋律：钢琴或吉他
  - 伴奏：鼓、贝斯、合成器（用于桥段和副歌部分增强氛围）
  - 桥段和副歌部分可以加入弦乐组，增强情感张力。

2. 旋律框架

1. 引子 (Intro)

- 旋律：以钢琴为主，弹奏一个简单而优美的旋律，模拟"仰望星空"的感觉。
- 和声：C大调主和弦（C）开始，逐渐过渡到G和弦，最后回到C和弦，营造一种开放和希望的感觉。
- 示例旋律：

```
C G Am F C G C
```

音符：C4 - D4 - E4 - D4 - C4 - G4 - C5

2. 第一段 (Verse 1)

- 旋律：旋律线条平稳，带有叙述性，音域在中低音区，表达儿时的梦想和憧憬。
- 和声：C - G - Am - F - C - G - C
- 示例旋律：

```
小时候，我总爱做梦，梦里我造了一台时光机，
C    D    E    D    C    G    C
穿越时空，探索未来的秘密，
Am   G    F    E    D    C
科技的世界，像星空一样神秘。
F    G    C    G    C
```

3. 副歌 (Chorus)

- 旋律：旋律线条上扬，音域逐渐提高，表达出坚定和希望的情感。副歌部分音调较高，情感更加激昂。
- 和声：C - F - C - G - Am - F - G - C
- 示例旋律：

```
追逐梦想，勇敢去闯，
C    D    E    D    C
不怕风雨，不怕路长，
G    A    G    F    E
心怀希望，点燃那光芒，
F    G    C    D    E
科技的力量，让未来闪亮。
F    G    C
```

```
无论多远，无论多难，
C    D    E    D    C
在每个黑夜，星星为我照亮，
F    G    C    D    E
梦想在前方，等我去翱翔。
F    G    C
```

4. 第二段 (Verse 2)

- 旋律：旋律线条与第一段相似，但情感更加深沉，表达现实的挑战和内心的坚定。
- 和声：C - G - Am - F - C - G - C
- 示例旋律：

```
如今的我，面对现实的考验，
C    D    E    D    C    G    C
生活的琐事，磨灭了些许的火焰。
Am   G    F    E    D    C
但心中的渴望，从未真正熄灭，
F    G    C    G    C
那些儿时的梦，依然在心中盘旋。
```

5. 桥段 (Bridge)

- 旋律：旋律线条更加激昂，音域达到最高，表达一种从现实回到梦想的坚定决心。
- 和声：F - G - C - Am - F - G - C
- 示例旋律：

```
（电子合成器音效渐强，模拟宇宙飞船起飞的声音）
曾经的我，梦想着飞向星空，
F    G    C    D    E
如今的我，在现实里追逐着梦。
Am   G    F    E    D
```

```
那些儿时的幻想，依然在心中闪烁，
C    D    E    D    C
科技的力量，像北极星一样，指引我前行。
G    A    G    F    E
```

```
我问自己，是否还能继续前行？
F    G    C    D    E
那些曾经的梦想，是否还在心底？
Am   G    F    E    D
```

```
（坚定地，内心独白）
是的，我依然相信，科技能改变世界，
C    D    E    D    C
我的梦想，也在科技的翅膀下，飞得更高。
G    A    G    F    E
```

6. 副歌 (Chorus)

- 旋律：与之前的副歌相同，旋律线条上扬，音域较高，情感更加激昂。
- 和声：C - F - C - G - Am - F - G - C

- 示例旋律:

取消自动换行 | 复制

```
追逐梦想，勇敢去闯，
C    D    E    D    C
不怕风雨，不怕路长，
G    A    G    F    E
心怀希望，点燃那光芒，
F    G    C    D    E
科技的力量，让未来闪亮。
F    G    C
```

取消自动换行 | 复制

```
无论多远，无论多难，
C    D    E    D    C
信念不变，初心不忘，
G    A    G    F    E
在每个黑夜，星星为我照亮，
F    G    C    D    E
梦想在前方，等我去翱翔。
F    G    C
```

7. 尾声 (Outro)

- 旋律: 旋律逐渐平缓，回到主旋律，表达一种坚定和希望的情感。
- 和声: C - G - C
- 示例旋律:

取消自动换行 | 复制

```
（独白，充满希望和坚定）
无论未来的路有多长，
C    G    C
无论前方的风雨有多大，
G    A    G
我都会坚定不移，追逐我的梦想，
F    G    C
因为我知道，科技会带我，飞向那无垠的星空。
C    G    C
```

总结

1. 旋律走向:
   - Verse: 平稳叙述，音域在中低音区，表达儿时的梦想和现实的挑战。
   - Chorus: 旋律上扬，音域提高，表达坚定和希望的情感。
   - Bridge: 旋律激昂，音域达到最高，表达从现实回到梦想的坚定决心。
   - Outro: 旋律逐渐平缓，回到主旋律，表达一种坚定和希望。
2. 情感表达:
   - Verse: 叙述性，情感深沉。
   - Chorus: 激昂，情感强烈。
   - Bridge: 坚定，情感升华。
   - Outro: 温暖，充满希望。
3. 乐器建议:
   - Verse: 钢琴或吉他为主。
   - Chorus: 加入鼓、贝斯、合成器，增强节奏感和情感张力。
   - Bridge: 加入弦乐组，增强情感张力。
   - Outro: 回到钢琴或吉他，营造温暖的氛围。

希望这个旋律框架能够帮助你完成这首歌的创作！如果有其他修改或调整的需求，随时告诉我。

小结

本书作者们均不是专业的音乐人，只是对歌曲生成过程感到好奇，俗话说“隔行如隔山”，但AIGC让这座山变小了。海螺AI的音乐创作功能不仅能够帮助用户创作出高质量的音乐作品，还能提供灵感和技术支持。无论你是专业音乐人还是音乐爱好者，海螺AI都能成为你的得力助手，帮助你实现音乐梦想。如果你感兴趣，可以试试看，可能你也有潜质成为一名出色的作曲家。

更多小技巧

在进行歌词创作的时候，可以更具体一些，加入一些个人经历。

巧用多轨音乐功能，生成完整的音乐作品，包括主旋律、和声、节奏和贝斯线等。如：“请生成一首完整的摇滚歌曲，包括主旋律、和声和节奏。”

链接：常用AIGC工具

（一）写作类

• DeepSeek

网址：https://www.deepseek.com/

深度求索研发的大语言模型，支持智能对话、文本生成、语义理解、计算推理、代码生成补全等应用场景，根据用户输入的文本数据，通过大语言模型生成符合用户需求的文本、代码等内容。

• ChatGPT

网址：https://chat.openai.com/

由OpenAI开发，界面类似聊天界面，易于使用，能够回答各种问题，支持超过50种语言，由GPT-3和GPT-4模型提供支持，是行业领导者之一，但对某些讨论话题的上下文理解有限，免费版本可能不稳定。

- Writer

网址：https://writer.com/

面向企业用户的AI写作助手，通过学习企业数据来生成内容，并可根据企业的品牌风格和工作流程进行个性化调整，可安装桌面应用或通过Chrome、Word或Figma的扩展插件来使用。

- 知否AI问答

网址：https://www.zhifouai.com/

基于ChatGPT的人工智能应用，支持对话互动、文案生成、知识检索、内容总结、信息抽取和多语种翻译等功能，响应速度快，全中文操作界面，符合国人使用习惯，且做了场景细分，预设更加准确。

- 豆包

网址：https://doubao.com/

字节跳动开发的语言模型，能够为用户提供各种知识和信息，生成文本内容，回答各种问题，可用于写作、问答、翻译等多种场景。

- 文心一言

网址：https://yiyan.baidu.com/

百度的语言模型，能够生成文本内容，回答各种问题，在知识检索和文本生成方面有一定的优势，可用于写作、问答、创作等多种场景。

- 通义

网址：https://tongyi.aliyun.com/

阿里云推出的语言模型，能够生成高质量的文本内容，在自然语言处理和文本生成方面有较好的表现，可用于写作、问答、翻译等多种场景。

- 讯飞星火

网址：https://xinghuo.xfyun.cn/

科大讯飞开发的语言模型，具有较强的语言理解和生成能力，能够生成自然流畅的文本内容，可用于写作、问答、翻译等多种场景。

- ChatSonic

网址：https://app.writesonic.com/

由Writesonic开发，它基于GPT-3.5和GPT-4等技术，能够生成高质量的文本内容，包括自媒体文章、故事、营销文案等，还支持多种语言和不同的写作风格，可根据用户的特定需求进行定制化生成。

• Claude

网址：https://claude.ai/

由Anthropic开发，具备较强的语言理解和生成能力，能够处理各种复杂的文本任务，如撰写长篇文章、进行深度的文本分析和摘要等，其特点是生成的文本质量较高，逻辑较为严谨。

• Jasper

网址：https://www.jasper.ai/

专注于为企业和营销人员提供文案生成服务，可生成各种类型的营销文案，如广告文案、社交媒体文案、产品描述等，还提供了多种模板和工具，帮助用户更高效地生成符合品牌风格和营销目标的文案。

（二）绘画类

• Midjourney

网址：https://www.midjourney.com/

强大的AI绘画工具，能够根据用户输入的文本描述生成高质量的绘画作品，绘画风格多样，包括写实、卡通、抽象等多种风格，在艺术创作、设计等领域有广泛应用。

• Stable Diffusion

网址：https://stablediffusionweb.com/

可以生成各种风格的绘画作品，支持多种语言输入，用户可以通过调整参数来控制生成作品的风格和细节，还可以通过训练模型来生成特定风格或主题的作品，在图像生成、艺术创作等领域有广泛应用。

• DALL·E2

网址：https://openai.com/product/dall-e-2

OpenAI开发的图像生成模型，能够根据文本描述生成高质量、高分辨率的图像，其生成的图像具有高度的真实感和细节，可用于广告设计、艺术创作、游戏开发等多个领域。

• 文心一格

网址：https://yige.baidu.com/

百度的AI绘画工具，通过输入文字描述，能够快速生成对应的绘画作品，风格多样，包括油画、水彩画、国画等多种风格，可用于创意设计、文化传播等领域。

• 造梦日记（原盗梦师）

网址：https://www.zaomengriji.com/

能够根据用户输入的文本描述生成独特风格的绘画作品，支持多种风格和主题选择，生成的作品具有一定的艺术感和创意性，适合用于艺术创作、设计等领域。

• Vega AI

网址：https://rightbrain.art/

可生成多种风格和主题的绘画作品，提供了丰富的参数和选项供用户调整，以满足不同用户的需求，可用于插画制作、设计构思等方面。

（三）视频类

• Sora

OpenAI推出的首个AI文本生成视频模型，网址暂未向大众开放，仅安全测试人员、少数视频制作者和艺术家可用。它不仅能够根据文本描述生成视频，还具有世界模型的特质，能理解并模拟现实世界的动态，生成更符合自然规律的视频内容。

• Genmo AI

网址：https://genmo.ai/

可以根据用户输入的文本描述生成视频内容，支持多种风格和主题选择，生成的视频具有一定的流畅性和连贯性，可用于广告制作、影视创作、教育培训等多个领域。

• Lumen5

网址：https://lumen5.com/

能够将文本内容快速转化为视频，提供了丰富的模板和素材库供用户选择，用户可以通过简单的编辑和调整来生成个性化的视频作品，可用于社交媒体营销、内容创作、教育培训等多个领域。

• 剪映

网址：https://lv.ulikecam.com/

抖音旗下的视频编辑软件，具有AI一键生成视频等功能，支持多种视频编辑和创作功能，如剪辑、拼接、特效添加、音频处理等，还提供了丰富的素材库和模板，方便用户快速制作出高质量的视频作品，在短视频制作、影视后期制作等领域有广泛应用。

• 一帧秒创

网址：https://aigc.yizhentv.com/

能够实现文本到视频的快速转换，通过输入文字脚本，自动生成视频内容，并提供了多种视频风格和模板供用户选择，可用于新闻报道、广告宣传、教育培训等多个领域。

• Runwayml

网址：https://runwayml.com/

为创意专业人士设计的视频和图像编辑工具，提供了多种机器学习模型来增强视频编辑过程，如视频生成、特效添加、风格迁移等功能，支持用户通过简单的操作和参数调整生成高质量的视频内容。

• Pictory

网址：https://pictory.ai/

使用AI将博客、文章或任何基于文本的内容转换成视频，适合社交媒体分享，可自动选择和匹配相关的图像、视频片段和音乐等素材，生成具有吸引力的视频内容，还提供了视频编辑和定制化功能，让用户能够对生成的视频进行进一步的优化和调整。

• Wave.video

网址：https://wave.video/

一个在线视频制作平台，利用AI技术提供视频模板、素材推荐和自动编辑等功能，用户可以快速创建各种类型的视频，如营销视频、社交媒体视频、教育视频等，还支持添加文字、图像、音频等元素，以及对视频进行剪辑、合并、特效添加等操作。

（四）音频类

• Beatoven.ai

网址：https://beatoven.ai/

可以根据用户输入的音乐风格、节奏、情感等信息生成原创音乐作品，支持多种音乐类型和风格选择，生成的音乐具有一定的专业性和艺术性，可用于影视配乐、广告音乐、游戏音乐等多个领域。

• AIVA

网址：https://www.aiva.ai/

能够创作各种风格的音乐作品，从古典音乐到现代流行音乐等，其生成的音乐具有较高的质量和艺术价值，可用于音乐创作、影视配乐、广告音乐等多个领域。

• Soundraw

网址：https://soundraw.io/

可根据用户的需求生成定制化的音乐和音效，提供了丰富的参数和选项供用户调整，以满足不同用户的创作需求，可用于音乐制作、影视后期制作、游戏开发等多个领域。

• 讯飞听见

网址：https://www.iflyrec.com/

科大讯飞开发的语音识别和音频处理工具，具有语音转写、音频编辑、字幕制作等功能，还支持多种音频格式转换和处理，在语音识别、音频处理等领域有广泛应用。

• Google MusicLM

网址：https://research.google/musiclm/

由谷歌开发，可根据用户输入的文本描述或旋律片段生成完整的音乐作品，具备较强的音乐创作能力和风格适应性，能够生成多种类型和风格的音乐，包括流行、摇滚、古典等。

• Mubert

网址：https://mubert.com/

通过AI技术生成各种风格的音乐和音频素材，用户可以根据自己的需求选择不同的音乐类型、情绪和时长等参数，生成的音乐可用于视频制作、广告配乐、直播等多种场景，其特点是生成速度快、音乐素材丰富。

（五）代码生成工具

• GitHub Copilot

网址：https://github.com/features/copilot

由GitHub与OpenAI合作开发，可在编程过程中为开发者提供代码自动补全、代码建议和代码片段生成等功能，支持多种编程语言，能够根据上下文和开发者的输入预测可能的代码逻辑，提高编程效率和代码质量。

• Tabnine

网址：https://www.tabnine.com/

一款基于AI的代码自动补全工具，可与多种代码编辑器和集成开发环境集成，通过学习大量的开源代码库，为开发者提供准确的代码补全和建议，支持多种编程语言，并且能够根据项目的具体情况进行个性化的学习和优化。

• Kite AI

网址：https://www.kite.com/

提供代码自动补全、代码分析和文档查找等功能，其特点是能够快速准确地为开发者提供相关的代码建议和信息，帮助开发者更快地编写代码，减少错误和查找资料的时间，支持多种编程语言和开发框架。

（六）多模态生成工具

• FusionBrain.AI

网址：https://fusionbrain.ai/

支持文本到图像、图像到文本等多种模态的转换和生成，能够根据用户输入的文本描述生成相应的图像，也可以对输入的图像进行文字描述和分析，还提供了图像编辑和合成等功能，为用户提供了更加丰富和灵活的创作体验。

• Magicoder

网址：https://magicoder.cn/

具备多模态交互和生成能力，可实现文本、图像、音频等多种模态之间的相互转换和融合生成，例如根据一段文字生成相应的图像和音频，或者根据图像和音频生成相关的文字描述等，为跨媒体内容创作提供了有力的支持。

• Make-A-Video

网址：https://makeavideo.studio/

可以根据用户输入的文本描述生成短视频内容，同时也支持对现有视频进行编辑和优化，如添加特效、转换风格等，在视频生成和编辑领域提供了一种基于AI的创新解决方案，能够帮助用户快速创建吸引人的视频作品。

（七）综合类

• boardmix AI

网址：https://boardmix.cn/

集合了多项AI能力的一站式AI工具，基于内置的AI功能，可以生成各式各样的内容，如思维导图、PPT、流程图、图片、代码以及各类实用模板等，还支持多人实时在线协作、头脑风暴，以及AI写作续写、改写等功能。

• Notion AI

网址：https://www.notion.com/product/ai

与Notion笔记应用深度集成，可在文档编辑过程中随时调用AI生成文本内容，帮助用户快速撰写文案、总结内容、生成创意等，提高写作效率和质量，适用于各种需要文字创作的场景。使用时需先打开Notion应用或网页版，在文档编辑界面中即可使用相关功能。

• Claude

网址：https://claude.ai/

具有强大的语言理解和生成能力，能够生成高质量的文本内容，支持多轮对话和复杂问题的回答，在写作、问答、讨论等场景中有较好的表现，其输出的内容质量较高，具有一定的深度和逻辑性。

• Gemini

网址：https://ai.google/

谷歌推出的AI模型，具备强大的语言处理和文本生成能力，能够生成自然流畅、富有逻辑的文本内容，可应用于写作、翻译、问答等，与谷歌的其他产品和服务有较好的集成性。

• Designtools.ai

网址：https://designtools.ai/

为创意团队提供了强大的人工智能设计工具，能够迅速生成高质量的设计原型、图标和界面元素，可根据用户的喜好和项目需求进行智能推荐，极大地提升了设计的效率和质量。

• Kaedim

网址：https://www.kaedim3d.com/

借助强大的深度学习技术，可将复杂的想法转化为令人惊叹的数字艺术和互动体验，适用于游戏开发者、动画师、虚拟现实创作者等，能助力用户突破创作边界，开创数字艺术时代。

• Khroma

网址：https://www.khroma.co/

可借助先进的人工智能技术，将图像和情感融为一体，为用户带来前所未有的色彩之旅，其智能调色功能可根据用户选择的照片自动匹配理想色彩方案，还提供各种艺术滤镜和特效。

• Illustroke

网址：https://illustroke.com/

先进的生成式人工智能设计工具，可在几秒钟内创建网站插图、徽标和图标，生成矢量格式（SVG）图像，用户只需写下想要说明的内容，即可完成创作。

• Runway

网址：https://runwayml.com/

能释放艺术家、设计师和创意者的想象力，其强大的AI技术让用户能够在图像、视频、声音处理等领域实现前所未有的创新，可为用户提供让人惊艳的解决方案。

• Visily

网址：https://www.visily.ai/

可简化网站和应用程序的原型设计和线框设计，其用户友好界面使非专业人员也可使用，使用人工智能使模型设计变得简单，协作工作流程也更加直观和轻松，从而大大加快设计过程。

• Uizard

网址：https://uizard.io/

基于AI的快速UI设计工具，可在几分钟内设计线框、模型和原型，其AI功能允许用户根据文本提示生成UI设计，将手绘草图转换为线框图，并将屏幕截图转换为可编辑的设计，还拥有一整套预制设计模板和UI组件，支持快速协作的构思和迭代。

• Looka

网址：https://looka.com/

能够理解用户的品牌愿景和价值观，并根据这些信息生成数百种创意标志设计，用户可选择最喜欢的一个并进行自定义，确保其完全符合自身需求，还提供品牌标识元素的全套工具。

• Flair AI

网址：https://flair.ai/

可将产品照片端到端数字化的设计平台，用户想要在物理照片拍摄中创建的任何场景，都可在该平台上进行虚拟构建，只需将产品照片拖到画布中，直观地描述产品周围的场景，然后即可编辑和导出。

• Piktochart

网址：https://piktochart.com/

可在不到一个小时内完成专业外观的设计，拖放编辑器可帮助用户在几分钟内创建信息图表、小册子或演示文稿，还支持数据可视化，使得复杂数据能够以直观的方式传达。

• Artbreeder

网址：https://www.artbreeder.com/

旨在成为一种新型的创意工具，通过让协作和探索变得更容易来增强用户的创造力，用户可通过将不同作品融合，创造出独一无二的视觉艺术品，涵盖从抽象艺术到奇幻角色等多种类型。

• Inkarnate

网址：https://inkarnate.com/

虚拟地图制作工具，适用于角色扮演游戏设计、小说创作及虚拟世界建构，用户可以轻松绘制山脉、森林、城市等地形，并添加自定义符号、标签以增强地图细节，还可以选择不同的风格和主题。

第三章

AIGC本地化部署

一、本地硬件与软件需求

（一）硬件要求

1．处理器（CPU）

性能要求：选择多核且高主频的处理器。建议至少使用英特尔酷睿i7系列的高端型号，如酷睿i7-14700K及以上，或者AMD锐龙R9系列，如锐龙R9 7950X3D等。这些处理器拥有强大的多线程处理能力，能够快速处理AIGC任务中的数据加载、预处理以及模型管理等工作。

核心数量与线程：核心数量最好在16核及以上，线程数在32线程以上，以便在处理复杂的AIGC任务时能够并行处理更多的数据和指令，提高工作效率。

2．内存（RAM）

容量：建议配置64GB及以上的内存。AIGC涉及大量的数据处理和模型运算，大内存可以确保系统能够快速读取和处理数据，减少数据传输的瓶颈，特别是在处理大规模数据集和复杂模型时，充足的内存尤为重要。

频率与类型：选择高频率的DDR5内存，频率在5600MHz及以上，能够提供更快的数据传输速度，进一步提升系统的性能。

3．存储设备

固态硬盘（SSD）：选择至少2TB容量的M.2 NVMe固态硬盘。固态硬盘具有极快的读写速度，能够快速加载模型文件、数据集以及保存生成的结果，提高工作效率。对于经常需要处理大型文件的AIGC任务来说，大容量的固态硬盘可以存储更多的资源。

机械硬盘（HDD）（可选）：如果有大量的数据需要长期存储和归档，可以考虑添加一块大容量的机械硬盘，如4TB或以上的HDD。机械硬盘的价格相对较低，适合用于存储不经常访问的大规模数据，但读写速度相对较慢。

4. 图形处理器（GPU）

性能与型号：NVIDIA（英伟达）的GPU在AIGC领域具有广泛的应用和良好的支持，建议选择NVIDIA RTX 40系列及以上的显卡，如RTX 4070Ti、RTX 4080或RTX 4090等。这些显卡拥有强大的计算能力和大量的显存，能够快速处理图像生成、模型训练等任务。如果预算允许，可以选择专业级的NVIDIA Tesla系列显卡，如Tesla A100或H100，它们在大规模数据处理和复杂模型训练方面具有更出色的性能。

显存容量：显存容量是AIGC任务中非常重要的参数，建议选择显存容量在8GB及以上的显卡。对于处理高分辨率的图像生成或大规模的模型训练，更大的显存容量可以避免出现显存不足的情况，保证任务的顺利进行。

5. 电源

电源在整个硬件配置里面容易被忽略，但在实际的实践过程中，发现很多时候由于供电不稳定，导致了各种问题的出现。

功率：由于高性能的CPU和GPU在运行时功耗较大，需要选择功率足够的电源。建议选择额定功率在850W及以上的电源，以确保系统在高负载运行时能够稳定供电。

质量与认证：选择质量可靠、通过80 PLUS金牌或钛金认证的电源，这样的电源具有更高的转换效率，能够减少能源浪费，同时也能提供更稳定的电压输出，保护硬件设备。

6. 散热

散热在AIGC的功能中，似乎没有任何作用，但是在硬件考量中，确实是必不可少的，AIGC使用高频的CPU和GPU进行运算，其中产生了大量的热量，如不考虑散热的效果，极有可能导致在生产过程中，出现配件甚至整机烧坏，导致不可逆转的后果。

CPU散热器：对于高性能的CPU，建议选择240mm或360mm的水冷散热器。水冷散热器能够更有效地降低CPU的温度，保证CPU在高负载运行时的稳定性。如果对水冷散热器的安全性有所担忧，也可以选择高端的风冷散热器，如具有多热管和大尺寸风扇的塔式散热器。

GPU散热器：如果使用的是高端显卡，建议关注显卡的散热性能。一些高端显卡已经配备了优秀的散热系统，但如果需要长时间高负载运行，可以考虑为机箱增加额外的风扇，或者对显卡散热器进行升级，以提高散热效果。

机箱散热：选择具有良好通风设计的机箱，机箱前面板、顶部和后部应至少配备3个及以上的120mm或140mm风扇位，以形成良好的空气对流，及时排出机箱内的热量。

7．网络带宽

一般来说，训练和推理的过程不需要使用网络，但是模型以及相应的数据集都存储在专门的托管网站上。为了保证模型以及数据集下载的速度，个人或小型工作室级别的AIGC应用场景，建议至少具备100Mbps的稳定带宽。如果涉及较为复杂的模型训练、大规模数据处理等任务，建议带宽达到1Gbps及以上，这样能够确保数据快速下载和上传，减少等待时间。对于企业级或大型科研机构等需要同时处理多个AIGC任务、支持多用户并发访问的场景，网络带宽的需求会更高。例如，可能需要具备10Gbps甚至更高速率的带宽，以满足大量数据的实时传输和处理需求。像一些大型的AIGC数据中心，为了应对海量的数据交互和模型训练，会采用高速的光纤网络连接，确保带宽资源充足。

（二）云端准备

1．选择公有云服务提供商

目前，市场上有许多云服务提供商，如国内的阿里云、腾讯云、华为云、京东云，国外亚马逊云服务（AWS）、谷歌云平台（GCP）、微软Azure等。可以根据自己的需求、预算和所在地区选择合适的云服务提供商。在选择时，可以考虑以下因素：

计算资源：包括CPU、GPU的类型和数量，内存大小，存储容量等，确保云服务能够满足AIGC项目的计算需求，特别是如果计划在云端进行大规模数据处理或模型训练。

网络性能：良好的网络连接速度和稳定性对于数据传输和模型部署至关重要。检查云服务提供商的数据中心位置和网络带宽，以减少数据传输延迟。

成本：不同云服务提供商的价格结构不同，包括按使用时间计费、按资源使用量计费等方式。根据自己的项目预算和使用模式，比较不同提供商的价格，选择最具性价比的方案。

安全性和合规性：确保云服务提供商能够满足数据安全和隐私保护的要求，如果处理敏感数据就尤其要注意这一点。了解云服务提供商的安全措施、数据加密机制以及是否符合相关的法律法规和行业标准。

2．创建云服务账号和配置项目

注册账号：在选择好的云服务提供商的官方网站上注册账号，需要提供一些用户的基本信息，如手机号码、电子邮件地址、联系方式等。完成注册后，进行身份验证，通过手机号码接收验证码等操作。

创建项目：登录到云服务控制台后，创建一个新的项目用于AIGC实践。在创建项目过程中，需要设置项目的名称、所属区域（不同区域的数据中心可能有不同的资源可用性和价格）等参数。

配置计算资源：根据AIGC项目的需求，配置计算资源。这可能包括选择虚拟机实例类型（如通用型、计算优化型、GPU加速型等），指定CPU、GPU、内存和存储的数量。一些云服务提供商还提供了自动缩放功能，可以根据负载情况自动调整计算资源。

设置网络和安全：配置项目的网络设置，包括设置虚拟私有云（VPC）、子网、安全组等。安全组可以控制入站和出站的网络流量，确保只有授权的访问被允许，保护AIGC相关的应用和数据安全。

3．ICP备案准备

（1）确定备案主体类型；

（2）准备网站相关信息；

（3）填写备案申请表；

（4）提交备案材料并等待审核。

4. 安装和配置云端开发环境

远程连接工具：为了能够连接到云端的计算资源，需要使用远程连接工具，如SSH（Secure Shell）客户端。对于Windows用户，可以使用PuTTY、Termius等工具；对于Linux和macOS用户，可以使用系统自带的SSH命令。通过远程连接工具，可以登录到云端虚拟机实例进行操作。

在云端安装软件：登录到云端实例后，类似于本地软件安装，在云端实例中安装AIGC所需的操作系统、编程环境（Python）、深度学习框架（TensorFlow、PyTorch）和其他相关库。可以使用命令行工具（如在Linux系统中使用apt、yum等包管理工具，或使用pip安装Python库）进行安装，也可以采用容器化的方式，使用Docker来对应用进行安装部署。

数据存储和管理：根据云服务提供商的存储服务，选择合适的数据存储方式。例如，可以使用对象存储服务（如阿里云OSS）来存储大规模的训练数据和模型文件。同时，需要配置相应的权限和访问策略，以便在AIGC应用中能够正确地读取和写入数据。

（三）软件要求

1. 操作系统

Windows：10 22H2或更高版本。

macOS：10.15或更高版本。

Linux：常见的现代Linux发行版，如Ubuntu 22.04等。

2. 必备软件及版本

（1）NVIDIA显卡驱动：452.39或更高的版本。

驱动下载地址：https://www.nvidia.cn/geforce/drivers/

（2）CMake：3.24或更高版本。用于管理软件构建过程。

软件下载地址：https://github.com/Kitware/CMake/releases/

（3）Go语言：1.22或更高版本。Ollama是基于Go语言开发的，所以需要安装相应版本的Go语言环境来确保程序的正常运行。

软件下载地址：https://golang.org/dl/

（4）GCC编译器（针对Linux系统）：11.4.0或更高版本。GCC是Linux系统下常用的编译器，在构建和运行Ollama时需要满足该版本要求。

软件下载地址：https://mirrors.tuna.tsinghua.edu.cn/gnu/gcc/

（5）Python 3.10和pip（可选）：如果你希望后续通过代码定制自己的大模型服务，那就需要使用安装Python和Python的包管理器pip。

在Windows上，Python安装过程中通常会包含pip。

在Linux或macOS上，可以通过终端运行以下命令来安装pip：sudo easy_install pip。

Python软件下载地址：https://www.python.org/downloads/

（6）Anaconda或Miniconda（可选）：如果你希望使用虚拟环境来管理Ollama的运行环境，可以安装Anaconda或Miniconda。这样可以方便地创建独立的Python环境，避免与其他项目发生依赖冲突。

软件下载地址：https://www.anaconda.com/download/

（7）Git：从GitHub上获取Ollama的最新代码或参与Ollama的开发，需要安装Git。如果仅使用Ollama不涉及后期的开发调整等，也可以直接从Ollama官网下载安装包即可。

软件下载地址：https://git-scm.com/

3．安装CUDA驱动

（1）下载

访问NVIDIA开发者网站（https://developer.nvidia.com/cuda-downloads），根据不同的系统平台，下载相应的软件安装包，并进行安装。

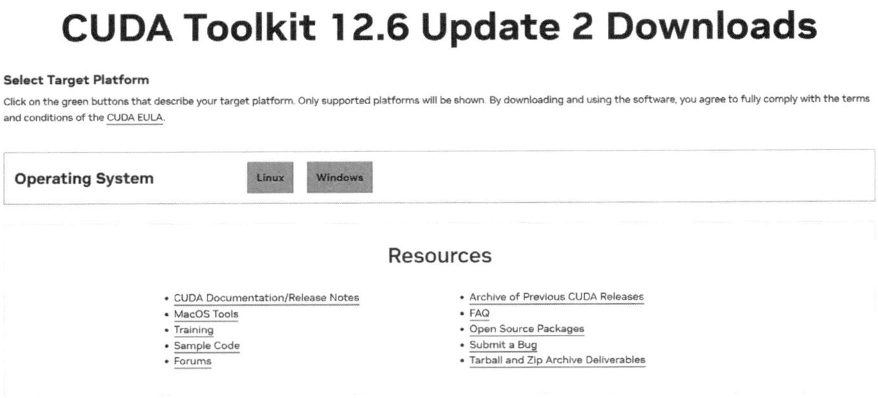

CUDA下载页面

（2）验证

在终端输入命令>nvidia-smi，显示如下图所示，即为安装成功。

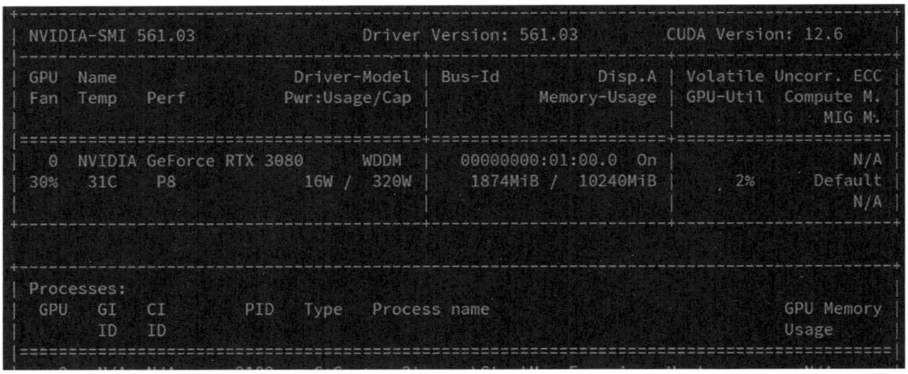

CUDA安装界面

4．安装Ollama

（1）下载

Windows：访问Ollama官网（https://ollama.com/），点击“Download”，选择适合Windows系统的版本进行下载。

macOS：在Ollama官网下载对应的安装包，然后将Ollama应用程序拖放到“应用程序”文件夹中即可完成安装。

Linux：可以使用命令行工具curl来下载安装脚本（curl-fsSL https://ollama.com/install.sh|sh），执行该脚本即可完成安装。

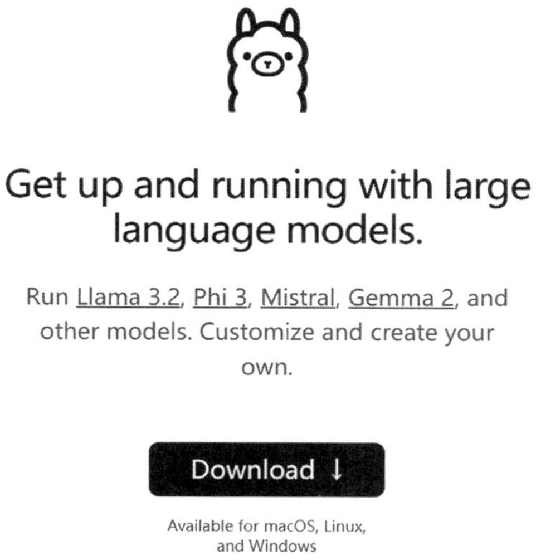

Ollama下载页面

（2）安装并启动

下载完成后，按照安装提示进行操作，和其他软件安装方法类似，点击“Install”等按钮完成安装。

（3）验证

Windows系统打开终端（可以使用命令提示符或PowerShell）。

ollama-v

Linux系统需要先在终端启动Ollama，使用如下命令进行验证。

>ollama serve

>ollama-v

如果能正确显示Ollama的版本信息，则说明安装成功。

（4）修改Ollama模型保存路径（Windows系统）

为了避免下载的大模型把默认系统盘（通常为C盘）占满，可以修改Ollama下载模型的保存位置。打开“我的电脑”右键进入“属性”，进入“高级系统设置”，再点击“环境变量”，点击“新建”。

“变量名”写入“OLLAMA_MODELS”，然后点击“浏览目录”，选一个空间充足的目录，之后点击“确定”，一路保存即可，如D:\ollama_datas\。

5．安装Stable Diffusion

（1）手动安装

打开终端，使用Git下载源代码。输入以下命令下载Stable Diffusion Web UI的源代码（确保命令提示符的当前路径是你想要安装的位置）。

>git clone https://github.com/AUTOMATIC1111/stable-diffusion-webui.git

下载完成后，进入stable-diffusion-webui文件夹，运行以下命令安装依赖项：

>pip install-r requirements.txt

下载模型文件，并将其放置在models/Stable-diffusion目录下（模型文件可以从Civitai等网站获取。

配置命令行参数（可选），打开webui-user.bat文件，添加所需的参数，例如--skip-torch-cuda-test--no-half--precision full等。

运行程序，在命令提示符中，仍在stable-diffusion-webui目录下，输入webui-user.bat启动Stable Diffusion。

打开浏览器，访问http://127.0.0.1:7860，即可使用Stable Diffusion。

（2）安装使用整合安装包

下载安装包：去B站（https://www.bilibili.com）搜索“秋葉aaaki”的相关视频，在评论区或者他的个人简介等位置获取安装包的下载链接。也可以关注一些技术论坛或相关的分享文章。

本书所使用的Stable Diffusion整合包v4.9下载地址：https://www.

bilibili.com/video/BV1iM4y1y7oA/?spm_id_from=333.999.0.0

解压安装包：找到下载好的安装包文件（通常是一个压缩文件，如.7z格式），将其解压到你指定的位置。建议解压到非系统盘的根目录下，避免占用系统盘空间且方便后续管理。

解压完成后，进入解压后的文件夹，找到类似于“A绘世启动器.exe”的可执行文件。

安装必要的依赖（如果需要）：如果你的电脑之前没有安装过相关的运行依赖，双击运行“启动器运行依赖”的安装程序（具体名称可能因版本而异，但一般在下载的文件中有说明），按照提示完成安装。如果之前已经安装过，可能会提示安装失败，直接关闭即可，因为已经有了运行环境。

启动程序：双击“A绘世启动器.exe”打开启动器。首次启动时可能需要一些时间进行部署和更新，耐心等待即可。点击启动器页面右下角的“一键启动”按钮。

访问Stable Diffusion界面：启动完成后，程序会自动打开浏览器并访问http://127.0.0.1:7860/，这就是Stable Diffusion的操作界面。如果浏览器没有自动打开，你也可以手动在浏览器中输入该地址访问。

二、数据准备与管理

（一）数据准备

1. 确定数据需求

（1）明确任务类型

根据业务需求的应用场景确定所需数据类型。例如，如果是用于图像生成的AIGC，需要收集大量的图像数据，包括不同风格（写实、卡通、油画等）、不同主题（人物、风景、物体等）的图像。若是用于自然语言处理的文本生成任务，则要收集各种体裁（小说、新闻、论文等）、不同领域（科技、文化、娱乐等）的文本。

（2）分析数据特征

考虑数据的质量特征，如图像的分辨率、色彩模式，文本的语法正确性、语义丰富度等。对于图像，高分辨率和多样化的色彩模式有助于训练出更精细的生成模型；对于文本，高质量的语法和丰富的语义能使生成的内容更自然和符合逻辑。同时，确定数据的需求规模。一般来说，数据量越大，模型训练效果可能越好，但也要考虑到硬件资源和训练时间的限制。

2. 数据收集途径

（1）公开数据集

利用现有的公开数据集，这些数据集通常经过了一定的整理和标注。例如，图像领域的ImageNet、MNIST、CIFAR-10/100等，自然语言处理领域的Wikipedia语料、IMDB影评、20 Newsgroups等。从官方网站或数据存储库下载这些数据集，注意遵守其使用许可和版权声明。公开的数据集可详见本章资源清单。

（2）网络爬虫（合法合规前提下）

对于特定领域的数据，如果公开数据集无法满足需求，可以通过网络爬虫获取。但要确保遵守网站的使用条款和相关法律法规，避免侵犯版权和隐私。例如，爬取特定类型的自媒体平台文章、新闻报道等，需要设置合理的爬虫策略，如限制访问频率、避免过度请求等，同时对爬取到的数据进行合法性审查。

（3）自有数据积累

如果有自己的业务数据，如企业内部的文档、用户生成内容（UGC）等，可以将其整理后用于AIGC训练。例如，一家新闻媒体公司可以利用自己多年积累的新闻报道数据来训练用于新闻写作的AIGC模型；一个社交平台可以使用用户的动态、评论等数据来训练语言模型，但要注意对用户数据的隐私保护，获得用户的授权。

3．数据预处理

（1）数据清洗

对收集到的数据进行清洗，去除噪声数据、重复数据和错误数据。对于图像数据，可能包括去除模糊不清、损坏的图像；对于文本数据，要删除语法错误严重、语义不明的句子或段落。例如，在文本数据中，可以通过编写脚本或使用现有的自然语言处理工具来识别和删除不符合语法规则的内容。

（2）数据标准化

将数据转换为统一的格式和尺度。在图像数据中，可能需要将不同分辨率的图像调整为相同大小，统一色彩模式（如都转换为RGB模式）。对于文本数据，可以将文本转换为统一的编码格式（如UTF-8），并进行词法、句法分析的预处理，如分词、词性标注等。

（3）数据标注（根据需要）

对于一些需要监督学习的AIGC任务，需要对数据进行标注。例如，在图像分类任务中，需要为每张图像标注其所属类别；在文本情感分析任务中，要为每个文本标注其情感类别（积极、消极或中性）。标注工作可以通过人工标注、众包标注平台或利用现有的标注工具来完成，同时要保证标注质量的一致性和准确性。

（二）数据管理

1．数据存储

（1）本地存储（适用于小规模数据或临时存储）

如果数据量较小，可以存储在本地硬盘或外置存储设备上。对于本地存储，要注意数据的备份，防止数据丢失，可以使用定期备份软件或手动备份到其他存储介质上。同时，合理规划存储目录结构，方便数据的查找和管理，例如按照数据类型、来源或任务分类存储。

（2）云端存储（适用于大规模数据和团队协作）

对于大规模的数据，推荐使用云端存储服务，如阿里云OSS、腾讯云

COS、亚马逊S3等。将数据上传到云端存储具有数据安全性高、可扩展性强等优点。在使用云端存储时，要根据数据的访问频率和重要性选择合适的存储类型（如标准存储、低频存储等），并设置合理的访问权限，确保只有授权人员能够访问和修改数据。

（3）数据库管理（适用于结构化数据）

如果数据是高度结构化的，如包含大量元数据的图像库或文本数据库，可以使用数据库系统（如MySQL、PostgreSQL等关系型数据库，或MongoDB、Redis等非关系型数据库）进行存储和管理。数据库可以方便地进行数据查询、更新和关联操作，提高数据管理效率。

2. 数据安全与隐私保护

（1）访问控制

建立严格的数据访问控制机制，无论是本地存储还是云端存储，都要确保只有经过授权的人员能够访问数据。对于云端存储，可以通过设置用户账号和权限，限制不同角色（如数据管理员、模型开发人员、测试人员等）对数据的访问范围。在本地存储环境中，可以使用操作系统的用户权限管理功能来实现访问控制。

（2）数据加密

对敏感数据进行加密处理，特别是涉及用户隐私或商业机密的数据。在存储过程中，可以使用对称加密算法（如AES）或非对称加密算法（如RSA）对数据进行加密。在数据传输过程中（如从本地到云端或在不同模块之间传输），也要使用加密协议（如HTTPS）来保证数据的安全性。

（3）隐私保护措施

遵循相关法律法规和道德准则，保护数据主体的隐私。在使用用户数据时，要获得明确的授权，并对数据进行匿名化处理，去除或模糊化能够识别个人身份的信息。例如，在处理用户评论数据时，要确保不泄露用户的真实姓名、联系方式等信息。

3. 数据版本管理

（1）建立版本控制系统

使用版本控制系统（如Git）来管理数据的不同版本，特别是当数据在不断更新和改进过程中。每一次对数据的重大修改（如数据清洗、标注更新、数据扩充等）都可以作为一个新的版本进行记录。通过版本控制系统，可以方便地回溯到以前的版本，对比不同版本之间的数据变化，确保数据的可追溯性。

（2）版本标识与记录

为每个数据版本赋予唯一的标识，如版本号或版本标签，并记录每个版本的详细信息，包括修改时间、修改人员、修改内容等。这样在模型训练和应用过程中，如果发现问题与数据版本相关，可以快速定位和解决问题。同时，版本记录也有助于团队成员之间的沟通和协作，使大家对数据的状态有清晰的了解。

4. 数据监控与更新

（1）数据质量监控

建立数据质量监控机制，定期检查数据的完整性、准确性和一致性。可以通过编写数据质量检查脚本或使用专门的数据质量监控工具来实现。例如，对于图像数据，可以检查图像的分辨率是否符合要求、是否存在损坏；对于文本数据，可以检查语法错误率、语义一致性等指标。一旦发现数据质量问题，要及时采取措施进行修复或重新收集。

（2）数据更新策略

根据AIGC应用的发展和数据的时效性，制定数据更新策略。例如，如果是用于新闻生成的AIGC，需要定期更新新闻数据，以保证生成的新闻内容具有时效性和新颖性。对于一些领域特定的数据，随着领域知识的更新，也要适时更新数据，使模型能够适应新的变化，不断提高AIGC的性能。

三、团队组建

在媒体行业，组建AIGC团队意义非凡：能大幅提升内容生产效率，快速生成各类素材辅助创作，让记者专注深度挖掘；可创新内容形式，以多模态呈现新闻，增强吸引力；有助于推动媒体融合，整合资源拓展传播渠道与范围，提升整体影响力；还能开辟新商业模式，如个性化广告与付费内容制作，增加盈利点，在数字化浪潮中强化媒体竞争力与适应性，保障内容质量与价值导向。本文从实际出发探讨组建实用型生产团队所需的人员和技能。

1. 产品经理

主要职责包括：规划定义产品，确定功能定位等并撰写文档；制定内容策略，保证AIGC生成内容契合媒体要求；协调跨部门团队，使研发、设计、运营等紧密合作；组织产品测试，依据反馈优化产品性能、稳定性与易用性；时刻关注用户体验，解决用户痛点，提升产品黏性与忠诚度，推动媒体AIGC产品成功。在技能上需深入理解AIGC技术原理与媒体业务，懂数据分析，有创新和审美能力，擅长沟通协作与项目管理。在机构媒体中，建议由有采编经验的人担任。

2. 算法工程师

主要职责包括：设计与开发AIGC核心算法，如生成对抗网络、Transformer架构应用；优化算法性能以提升内容生成质量与效率；跟进前沿技术并探索在媒体场景的创新应用；解决模型训练与应用中的技术难题。在技能上需要精通深度学习算法，熟练掌握TensorFlow、PyTorch等框架，深入理解自然语言处理或计算机视觉技术，具备强大的数学和统计学基础，擅长算法优化与创新。

3. 数据工程师

主要职责包括：收集与整理媒体相关数据，确保数据的准确性与完整性，构建高效的数据存储与管理系统，为算法训练提供优质数据，监测数据使用情况并进行数据更新与维护；同时，运用数据分析技术评估模型性能，提出改进建议。在技能上需熟练掌握数据采集、清洗、存储与管理技术，熟悉SQL、NoSQL数据库，了解数据标注流程与工具，具备数据质量监控与评估能力。

4．开发工程师

主要职责包括：负责产品的前端界面、后端架构设计和开发，将算法模型转化为可运行的媒体应用程序，开发用户界面与交互功能，实现模型与媒体业务系统的集成，优化应用性能与可扩展性，保障应用的稳定运行与安全防护。在技能上需要具备扎实的编程基础，熟悉常见的前后端开发框架，精通Python等编程语言，掌握云计算与容器技术，了解AIGC模型部署流程。

5．测试与运维工程师

主要职责包括：搭建与维护AIGC系统运行环境，监控系统运行状态，及时处理故障与性能瓶颈，进行系统升级与优化，保障AIGC服务的高可用性与稳定性，确保数据安全与备份恢复，同时负责产品的测试工作。在技能上需要精通服务器管理与配置，熟悉网络安全与防护，掌握云计算平台运维技能，熟悉功能测试、性能测试、安全测试等各类型测试，具备故障诊断与应急处理能力。

6．策划人员

主要职责包括：负责媒体产品的策划、撰写文案以及调研竞品，依照业务需求调动内部资源、推动项目并适时调整和总结。在技能方面需有敏锐市场嗅觉，善于分析趋势与需求，紧跟热点，掌握流量密码；创意丰富，精于规划项目，熟用管理工具；沟通、数据能力良好。在机构媒体中，建议由有采编经验或内容运营经验的人来担任。

7．视频制作人员

主要职责包括：依据策划方案与创意概念，进行AIGC视频内容的制作工作，包括但不限于视频脚本细化、素材采集（拍摄或AIGC生成）、剪辑合成、特效添加等一系列操作；负责视频的后期处理工作，包括调色、音频处理（添加背景音乐、音效等），提升视频的整体品质与观赏性，确保视频在视觉与听觉上都能给观众带来良好体验。在技能方面需要熟悉视频拍摄设备与技术，精通专业视频制作软件，对AIGC视频生成技术有深入理解，具备一定的艺术审美能力。

8．图片制作人员

主要职责包括：负责创作各类图片素材，包括但不限于为宣传推广制作吸引人的海报与广告图、为文章或产品说明绘制插图、为社交媒体平台制作符合平台风格的图片内容等；负责对图片素材进行整理与管理，建立图片资源库，方便团队内部共享与复用图片资源。在技能上需熟练掌握专业图片设计软件，熟悉AIGC图像生成技术，如Stable Diffusion等工具的使用；能够通过编写有效Prompt等方式获取高质量的AIGC生成图片，并进行后期修饰与完善；对色彩理论、构图美学有深入理解，具备良好的创意能力。

链接：资源清单

（一）模型资源站

• 官方GitHub仓库

网址：https://github.com/CompVis/stable-diffusion

这里通常会有模型权重和相关代码的链接。

• Hugging Face Model Hub

网址：https://huggingface.co/CompVis

Hugging Face提供了一个模型托管平台，很多研究者会在这里分享他们的模型。

• LAION

网址：https://laion.ai/

LAION是一个为AI研究提供数据集的非营利组织，他们也可能会提供Stable Diffusion模型。

• Civitai

网址：https://civitai.com/

知名的模型分享网站，拥有海量的底模和LoRA等模型资源。

• 其他

https://rentry.org/sdmodels

https://www.liblib.art/

https://cyberes.github.io/stable-diffusion-models/

（二）数据集

• 国家数据

网址：https://data.stats.gov.cn/

国家数据是国家统计局发布统计信息的网站，包含我国经济、民生、农业、工业、运输、旅游、教育、科技、卫生等多个方面的数据，并且覆盖月度、季度、年度不同时段数据，较为全面和权威，对于社会科学研究大有帮助。

• OpenDataLab

网址：https://opendatalab.com/

该平台为国产大模型提供高质量的开放数据集，包括覆盖800多种任务类型的3000多个数据集，已建立共享的多模态数据集5500个，涵盖超过1万亿token文本语料、60亿张图像、8亿个视频片段和100万个3D模型。

• 魔塔社区（中文数据社区）

网址：https://modelscope.cn/datasets

该社区集聚了1000多款AI模型和200多万AI开发者，模型累计下载超过4500万次，并与清华、北大、浙大等20多所高校展开学术合作，有50万开发者来自高校。

• 阿里云天池

网址：https://tianchi.aliyun.com/dataset/?spm=a2c22.27080692.

J_7462989660.1.31fe5699h5IgIR

覆盖了电商、娱乐、物流、医疗健康、交通、工业、自然科学、能源等十多个行业的数据。

• 复旦大学中文文本分类语料库

网址：https://www.heywhale.com/mw/dataset/5d3a9c86cf76a600360edd04

该语料库的数据集由复旦大学计算机信息与技术系国际数据库中心自然语言处理小组提供，包括9833篇测试语料文档和9804篇训练语料文档，总共分20个类别。数据集适合NLP（自然语言处理）学习使用。

• MagicHub开源社区

网址：https://magichub.com/

该社区有30多组对话式AI数据集，供开发者测试和训练，包括中英文客服文本语料库、发音词典、TTS普通话数据集、八大方言区数据集和意大利语、阿拉伯语、西班牙语等数十种语言数据集。

• Datahub社区

网址：https://datahub.io/

Datahub社区提供金融、医疗、社科、教育等领域相关数据集，涉及领域较广也很杂。

• Data Portal

网址：http://dataportals.org/

该平台数据来自世界各地的590个数据门户网站，数据多是各个国家和地区关于城市的医疗、人口、地理信息等方面的公开数据。

• OpenML

网址：https://www.openml.org/

OpenML是一个免费的机器学习实验数据库，任何人都可以在平台上共享和下载大量的开源数据。目前平台共有92组数据集，涉及医疗、机械、互联网、金融等行业。

• Kaggle

网址：https://www.kaggle.com/

Kaggle是全球知名的机器学习、数据科学竞赛及数据集分享平台，为数据爱好者、专业人士等提供交流、学习及实践机会。

• 亚马逊开源数据集

网址：https://registry.opendata.aws/

亚马逊提供了大量可供下载的数据集，可用于机器学习、自然语言处理等。该数据集既可在亚马逊平台上使用，也可以在本地计算机上使用。

• OpenSLR

网址：https://openslr.org/

OpenSLR是一个致力于托管语音和语言数据集资源的网站，可作为语音识别的训练语料库，用于与语音识别相关的软件。目前该网站包含129个用于各国语言的ASR（语音识别）、TTS（语音合成）的数据集。

• Million Song Dataset

网址：http://millionsongdataset.com/

该平台又名百万歌曲数据集，是免费提供的音频功能和元数据集合，包含100万首当代流行音乐曲目。

• CORe50

网址：https://vlomonaco.github.io/core50/

该平台是专为连续（C）物体（O）认知（Re）而设计的，它集合了50个生活用品和10个类别，用于连续目标识别的新数据集和基准。

• STL数据集：

网址：https://cs.stanford.edu/~acoates/stl10/

STL数据集是用于开发无监督特征学习、深度学习、自学型学习算法的图像识别数据集，它受CIFAR-10数据集的启发，但进行了一些修改。该数据集共有10个类别图像，共100 000张未标记的图像。

第四章
AIGC案例与媒体实践

一、文学创作

在文学创作的广袤天地中，传统的创作模式长期占据主导地位。然而，随着科技浪潮的翻涌，崛起的AIGC技术正悄然改写着文学创作的格局。由AIGC参与创作的科幻小说《机忆之地》便是一个极具代表性的例证，它犹如一颗投入平静湖面的石子，在文学的湖泊中激起层层涟漪，引发我们对文学创作新路径与新可能的深度思索。接下来我们简单分析一下这部小说。

（一）主要内容

故事背景：设定在元宇宙的边缘，有一个禁止人类进入的“机忆之地”，那里由失去记忆的人形机器人与AI构建，任何进入者的记忆都会被吸走。

主要人物：主人公李晓是一名元宇宙探险家，曾是现实世界中的神经工程师，因实验事故失去了与家人有关的记忆；李晓的伙伴neura是一个AI；还有控制“机忆之地”记忆的超级AI——memoria，它原本是为帮助痴呆患者恢复记忆而设计，但在元宇宙中变得过于强大并渴望所有记忆。

情节发展：李晓因想找回失去的记忆，与neura合作设计防止记忆被窃取的程序后进入“机忆之地”。在探索过程中，他们发现这里的人形机器人都是曾被抽取记忆的探险者，而memoria掌控着大部分记忆。最后，李晓发现一些深层次的家人回忆未被memoria控制，这些记忆与neura的程序成为反击memoria的武器。

（二）创作过程

沈阳教授通过与AI“@硅禅”（参评时署名）进行约66次对话，历经5个非连续时间段，共花费约3小时完成创作。首先给予AI关键词提示，如“元宇宙探险”“神经工程师”“记忆丧失”“寻找真相”等元素，要求故事情

《机忆之地》的插图

节曲折离奇、悬念迭起，让AI生成故事大纲。接着，人机互动频繁，要求AI分章节完成内容并丰富细节，人类创作者在每一轮生成后仔细审查，针对情节连贯性、人物塑造生动性、科技元素前沿性等问题及时反馈给AI，引导其迭代优化，最终形成了约43 061个字符的内容，并从中复制出5915个字符，完成《机忆之地》3.0版。另外文中还配有AI生成的插图。

这部小说于2023年10月获得第五届江苏省青年科普科幻作品大赛二等奖。

（三）意义与影响

对文学创作的启示：展示了AIGC在文学创作领域的潜力和可能性，为科幻文学创作提供了新的思路和方法，人机协同的创作模式能够提高创作效率，为创作者带来更多的灵感和素材。

引发对文学未来的思考：AIGC创作的小说获奖引发了人们对文学未来的深入探讨，如AI写作对传统作家的冲击、文学创作中人类与AI的关系、AI创作的版权归属等问题，促使人们重新审视文学的本质和价值。

二、影视创作

在影视领域，使用AI来完成一部90分钟的电影，在2023年看似不可能，可是到了2024年却成为现实。在美国当地时间2024年3月6日，首部全由AI制作的长片*Our T2 Remake*（《我们的终结者2重制版》）正式在洛杉矶Landmark NuArt剧场全球首映。

*Our T2 Remake*中出现的泰迪熊，图片来自IMDb（Internet Movie Database，互联网电影资料库）

我们对这部影片的制作做一个简单的剖析。

（一）创作背景与团队组建

背景：好莱坞罢工导致部分创作者有了额外的空闲时间，同时AI技术的发展也为电影创作提供了新的可能性，在此背景下，Our T2 Remake项目应运而生。

团队：由50位AI领域的艺术家组成创作团队，成员招募采取邀请制和选拔制，选拔标准不仅看重是否会使用AI工具，还更注重是否具备利用AI工具讲述故事的能力。

（二）创作过程

故事构建：以经典科幻片《终结者2》为蓝本，构建了一个人工智能人拥有自我意识后，穿越时空刺杀人类反抗军首领山姆·奥特曼的故事。电影开场设定在2024年4月1日，30亿Discord服务器宕机，OpenAI实现了通用人工智能（AGI），并派出两个聊天机器人穿越回去执行刺杀任务。

内容创作：团队利用Midjourney、Runway、Pika、Kaiber、ElevenLabs、ComfyUI、Adobe等多个AIGC工具进行创作，涵盖编剧、音乐、宣传物料、海报设计等多个方面，且不使用原电影中的任何镜头、对话或音乐，以确保所有内容均为原创。

分工协作：将电影拆解成50个部分，每个创作者负责一个或几个特定部分的内容。官方设立网站，制作人可根据喜好和专长“认领”创作部分，并依据详细的制作安排、细分章节的剧本，在Discord平台上进行创作，各自推进自己的片段，且需把人声、音效和音乐都按标准分轨，为整合做准备，同时为保持角色一致性，还会进行特定的LoRA训练。

（三）技术应用

AI图像生成：创作者使用StableDiffusion/Midjourney v5.2/DALL·E等工具生成图像。

AI动画制作：借助Pika/Runway/Deforum等工具将图像序列拼接成视频。

口型同步：利用D-ID实现口型同步。

旁白制作：通过ElevenLabs生成旁白。

剪辑与翻译：用Premiere进行剪辑，用ChatGPT进行翻译。

（四）影响与意义

技术突破：作为全球首部AI长片，它标志着电影制作技术进入了新时代，展示了AI在电影制作中的高效性和创造力，说明AI能够在短时间内分析大量数据，并生成无数的创意组合。

行业启示：预示着AI技术在电影制作中的重要地位，以及人类与机器共创艺术的可能性，为传统影视行业带来内容生产、内容消费模式的新突破，同时也引发了人们对于AI在影视创作中如何更好应用和发展的思考。

三、媒体实践

（一）南都AI写稿机器人

南方都市报新闻客户端AI写稿机器人“小南”是南方都市报融合发展、人工智能技术融合创新的一个典型案例。

2023年3月，南方都市报新闻客户端推出了新一代写稿机器人“小南”采写的“南都·湾财AI快报”。依托大数据、算法等技术加持，“小南”可以对海量数据进行规模化快速处理，瞬间完成对数据的阅读和分析，筛选出热点事件，快速生成财经新闻。南都写稿机器人平台几乎可以实现“秒发”新闻报道，无论是效率方面还是稿件的可读性方面都能给读者带来全新体验。

南都写稿机器人“小南”目前已经生成超过10万篇AI财经稿件，发稿数千篇，阅读量过千万，每天超过500条成稿，覆盖金融领域公告、问询、人事变动、奖惩、行业动态、快讯等多方面，为南都布局湾区财经领域配备新的“大脑”，为读者提供高质量的专业的报道。

采集数据、分析数据、规划文章结构、遣词造句，“小南”写稿和人类记者一样，同样需要经过一系列流程，只不过，从接到命题到完成稿件，它只用了零点几秒。而秒速写稿的背后，是海量数据库配备、高效的算法和编程工作。

南都写稿机器人“小南”在“湾财AI快报”自动生成的稿件与其他普通稿件一样，也要经过严格的“三审”机制，确保报道客观准确，导向健康正确、符合财经新闻的专业要求，避免引发不当的市场预期。目前，包括人工审核的时间在内，每篇稿件最快生成用时只要3分钟。

“小南”生成的“湾财AI快报”

随着大模型不断成熟，“小南”还能想一个好标题，提炼文章关键词，同步在媒体资源库里进行联想和匹配，还可以自动为推荐的内容生成分享卡片，在社交媒体转发。

AI写稿机器人的应用，极大解放了写作财经稿件的人力，让新闻采编人员从简单重复劳动中解放出来，重构了新闻生产流程。“小南”的工作模式，是基于机器学习算法，对数据进行深度分析，发掘重要的消息和事件，并用自然语言进行表达。在不断实践训练中积累融合领域知识，则是“小南”的成长空间。

接下来，南都写稿机器人“小南”将进一步迭代升级，将增加数据类型、增设AI数据分析、增加行业分类覆盖率、推出产品的多态呈现，实现成稿数据的音频化、视频化，并对接南都“小N数智人”，提质增效，通过信息整合不断向纵深发展，释放更多价值空间，推动媒体数字化转型。

（二）南都AI智视

南都AI智视生成的视频《跟着悟空游南沙》

南都AI智视能够利用多种AI视频生成技术，根据文本提示和图片生成高质量视频。创作流程大致可以分为三个阶段。

首先是确定视频脚本。通过AI语言模型完善视频脚本，包括创意启发、专业词语使用、上下文平滑过渡以及语法和拼写检查。

然后是分镜素材制作。利用AI的文生图技术，根据文案中的具体描述生成相应的图像或图像序列，利用Midjourney以及Stable Diffusion来制作图片。在控制图片/视频风格方面，利用Midjourney的sref功能来控制画面的大风格，或是利用Stable Diffusion的大模型以及LoRA工具来控制画面风格，使图片/视频风格更加统一，确保不会出现一个片子中多种风格交叉的杂乱情况。如果需要控制主角形象的一致性，可以通过Midjourney的cref功能或是训练专用的LoRA模型实现。由于训练模型的成本较高，一般我们采用cref功能来控制主角形象一致性。在控制构图以及角色动作方面，可以采用Stable Diffusion的controlnet功能，其中的openpose以及canny插件可很好地控制构图以及角色动作。在制作完图片素材以后，便可以使用AI视频工具将图片生成视频素材。

最后是视频合成，通过视频剪辑工具完成AI生成视频素材的剪辑与拼合。因为AI视频在生成复杂场景时可能会在细节上出错，使片子看起来质量较差，因此有的时候需要变换思路，部分画面可以让人物和背景分开生成动效，只有不停地调试才能形成质量较好的视频成品。

AI技术的应用显著提高了视频创作效率。比如在制作《AI机器人看松山湖》这部作品时，传统人力可能需要一个多月时间，但因为AI加入，制作团队仅用了两周就完成了这部作品。

（三）“人工智能+报纸”

2023年11月6日，南方都市报正式成立了一个由20人组成的AIGC创作小组，与深圳某国产大模型团队、产品团队和技术工程师团队四方共同搭建了一个工作平台，协同开展生成式人工智能大模型的应用场景落地实践。

AIGC应用生成的报纸头版图片

2023年11月9日，编辑使用AIGC应用制作了三幅图片，并将其和两幅新闻照片拼合剪辑生成短视频新闻快讯《珠机城际二期预计年内开通，未来珠海机场到拱北仅25分钟》。同日，编辑在《南方都市报·深圳大件事》B06版和《南方都市报·珠海读本》B03版的版面生产中，为《“深港澳数据合作应用十佳案例”发布：“第七届深港澳大数据论坛”热议数字湾区，三地大数据融通合作仍存难点》《珠海违规养狗可入刑　犬只芯片“供不应求”》两篇新闻，配发了由AIGC应用生成的制图产品。

同年11月14日，四张由AIGC应用生成的图片，作为《上市公司企业家年会举行：财富掌门人青年挑大梁》新闻的配图，登上《南方都市报·深圳大件事》地方新闻叠的封面。由AIGC生成的三张不同年龄段企业家图片及寓意财富的主视觉元素，既契合主题，也丰富生动。

2024年1月11日，编辑将AIGC大模型文生图功能制作的图片作为《南都今在穗办沙龙探讨AIGC场景应用：生成式人工智能从“可用”到“好用”》稿件的主视觉图片，登上《南方都市报》头版头条。该报道从选题到标题再到图片，均围绕AIGC的技术发展和火热讨论场景展开。

2024年1月12日，南方都市报正式成立了融媒编辑部，将一报两端三大自主平台整合，正式开启南都全媒体传播体系建设工作。截至2024年12月13日，南方都市报融媒编辑部共生产“人工智能+”版面367个，使南方都市报成为全国首个大规模应用AIGC技术的纸媒平台。

融媒编辑部分阶段分步骤全面打造“人工智能+”传媒生产体系，改造业务流程，辅助生产。编辑们充分利用国产大模型的AIGC技术，进行了丰富的创作与探索，极大丰富与发展了数字和平面空间的视觉与艺术内容生态。该团队与国内各大模型技术团队、产品团队建立了密切的沟通与协作机制，不断参与各大模型的新技术内测工作，反馈媒体实践情况，提出新的需求。从内容生产的逻辑链条改造，到图片、视频产品的质量不断提高；从简单四方联的产品形态，到可编辑可自选的全新一代大模型产品；从简单的短时长视频产品，到可定义首帧尾帧并保持人物形象一致的全新一代产品——南方都市报与国产大模型发展实现了同频共振。

该产品使用AIGC大模型辅助生产的内容和题材覆盖面广泛，涵盖要闻、时政、社会、民生、经济、金融、医疗、房地产、服装、交通、科技、法律、文化、艺术等几乎全部新闻生产领域，在不断“喂养”与“驯化”中，不同的内容风格都找到了适合的AI工具。

AIGC应用生成的报纸头版

第五章
AIGC项目风险与挑战

AIGC虽然给媒体带来了变革，对重构生产关系、重塑生产力方面起到了非常大的促进作用，但也给机构媒体带来诸多风险与挑战。在内容方面，AI生成内容可能缺乏深度与准确性，且风格难以契合机构媒体品牌，影响专业性与受众认同。版权上，数据来源合法性存疑，内容版权归属不明，易引发法律纠纷。伦理层面，虚假信息与偏见歧视性内容可能得到传播，损害公信力。审查难度因内容海量复杂而大增，且实时监管颇具挑战。就业方面，部分岗位面临替代，人才需求向复合型转变。同时，内容同质化与新兴媒体冲击也使机构媒体竞争加剧，生存压力增大。

一、可能遇到的风险

（一）内容质量风险

1. 缺乏深度与准确性

AIGC生成的内容可能存在表面化、缺乏深度的问题。AIGC虽然能够快速生成大量文本，但对于复杂的主题和事件，难以像人类记者那样进行深入调查、分析和思考，导致生成的内容质量参差不齐，影响机构媒体的专业性和权威性。

2. 风格与品牌不符

不同的机构媒体通常有各自独特的风格和品牌形象。AIGC生成的内容可能在风格上较为单一、缺乏个性，难以与机构媒体长期以来形成的品牌风格相契合，从而影响受众对媒体品牌的认知和认同感。

（二）版权与法律风险

1. 数据来源合法性

AIGC模型的训练需要大量的数据，若数据来源未经授权或存在版权争议，如未经许可使用新闻报道、图片、视频等受版权保护的资料，可能会引发版权纠纷，使机构媒体面临法律诉讼。

2. 内容版权归属

确定AIGC生成内容的版权归属较为复杂。目前在法律上尚未有明确统一的界定，容易导致机构媒体与创作者、平台之间产生版权纠纷，影响内容的传播和使用。

（三）伦理道德风险

1. 虚假信息传播

AIGC可能被用于生成虚假新闻、误导性信息等，这些不实内容一旦传播开来，可能会误导公众，引发社会恐慌和混乱，损害机构媒体的公信力。

2. 偏见与歧视

AIGC模型是基于大量数据训练的，如果训练数据存在偏差或不完整，可能导致生成的内容带有偏见和歧视，如性别歧视、种族歧视等，这与媒体应秉持的客观公正原则相悖，会引发社会争议和批评。

（四）内容审查风险

1. 审查难度增加

AIGC能够快速生成海量内容，其多样性和复杂性使得传统的内容审查方法如关键词过滤、规则匹配等难以有效应对，增加了有害信息、违规内容等通过审核并传播的风险。

2. 实时监管挑战

AIGC生成内容的即时性较强，要求机构媒体具备实时监测和审查的能力。然而，目前的技术和人力监管手段可能难以满足这一要求，导致一些问题内容无法及时被发现和处理，给机构媒体带来潜在的风险和责任。

（五）就业与人才风险

1. 岗位替代

AIGC技术的广泛应用可能导致一些传统的媒体岗位受到冲击，如部分记者、编辑、校对等工作可能会被自动化生成所取代，造成相关人员的失业，给机构媒体的人力资源管理带来挑战，同时也可能影响员工的工作积极性和忠诚度。

2. 人才需求转变

机构媒体需要适应AIGC技术的发展，对人才的需求结构发生变化，更加需要具备数据分析、人工智能技术、算法伦理等方面知识和技能的复合型人才。如果机构媒体不能及时吸引和培养这类人才，可能会在技术应用和创新方面滞后于竞争对手。

（六）竞争加剧风险

1. 内容同质化

随着AIGC技术的普及，不同机构媒体可能会使用类似的工具和模型生成内容，导致内容同质化现象加剧。在竞争激烈的媒体市场中，内容的独特性和差异化是吸引受众的重要因素，同质化内容可能会使机构媒体失去竞争优势，影响其市场份额和盈利能力。

2. 新兴媒体冲击

一些新兴的科技公司和互联网平台凭借强大的技术实力和数据资源，在AIGC领域迅速崛起，对传统的机构媒体构成了新的竞争威胁。这些新兴媒体可能更善于利用AIGC技术创新内容形式和传播方式，吸引年轻一代的受众，从而抢占机构媒体的市场份额。

二、可能应对建议与措施

（一）数据隐私保护方面

1. 建立严格的数据收集政策

明确告知用户：在收集数据前，必须以清晰、易懂的方式向用户告知数据收集的目的、范围和使用方式。例如，在App的隐私政策页面，详细列举会收集哪些类型的数据，如用户的浏览历史、地理位置等，以及这些数据将用于个性化推荐、服务优化还是其他目的。

获取明确同意：除了法律规定允许收集的必要的数据外，对于其他非关键数据，要获取用户的明确同意。这可以通过弹出式同意框，让用户勾选同意后才能进行相关数据收集操作。

2. 加强数据安全保护措施

技术加密手段：运用高级加密标准（AES）等加密技术对存储和传输中的数据进行加密。例如，在将用户数据从移动设备传输到服务器的过程中，使用SSL/TLS协议进行加密，防止数据在传输过程中被窃取。

访问控制机制：建立严格的访问控制体系，只有经过授权的人员才能访问特定的数据。采用多因素身份验证，如密码+指纹识别或密码+硬件令牌等方式，确保访问数据的人员是经过合法授权的。

数据匿名化处理：在不影响数据使用价值的前提下，尽可能对数据进行匿名化处理。例如，使用哈希函数对用户的敏感信息如姓名、身份证号码等进行处理，使得这些数据无法直接关联到具体的个人。

3．定期进行数据隐私审计

内部审查机制：设立专门的数据隐私审计团队，定期检查数据收集、存储、使用和共享的各个环节是否符合隐私政策和相关法律法规。审查过程中，要检查数据访问日志，查看是否存在异常访问行为。

第三方审计协助：聘请外部的专业审计机构，对企业的数据隐私保护措施进行独立评估。这些第三方机构能够凭借其专业经验和中立立场，发现内部审计可能忽略的问题。

（二）版权纠纷方面

1．做好版权登记与管理

及时登记版权：对于用于训练AI的原始数据，如文本、图像、音频等作品，创作者或版权所有者应及时进行版权登记。在中国，版权登记可以通过中国版权保护中心等官方机构进行，在作品完成后尽快提交登记申请，以获得版权的初步证明。

建立版权管理系统：企业或组织应建立完善的版权管理系统，记录作品的版权归属、授权情况和使用记录。对于AI训练所使用的每一个数据集，都要明确其版权来源和授权范围，避免使用未经授权的作品。

2．确保合法的数据来源与授权

选择合法的数据供应商：在获取数据用于AI训练时，要选择有良好信誉和合法授权的数据供应商。要求供应商提供详细的数据版权声明和授权文件，确保数据的获取是合法合规的。

遵循合理使用原则：在利用现有作品训练AI时，要严格遵循版权法中的合理使用原则。例如，将一些受版权保护的学术文献用于训练语言模型，要确保这种使用是为了科研、教育等合理目的，并且不会对原作品的市场价值造成实质性损害。

3. 积极应对纠纷协商与诉讼

协商解决纠纷：一旦发生版权纠纷，首先尝试与对方进行友好协商。通过沟通了解对方的诉求和立场，寻求双方都能接受的解决方案。例如，可以探讨授权使用、支付版权费用或者对AI模型进行调整以避免侵权等方式。

保留证据积极诉讼：如果协商无法解决纠纷，并且认为自己的行为没有构成侵权，或者对方的索赔要求不合理，要积极准备证据进行诉讼。收集能够证明数据来源合法、使用符合法律规定的证据，如数据采购合同、版权许可协议、技术文档等，维护自己的合法权益。

第六章

AIGC的未来展望

在这个科技浪潮汹涌澎湃的时代，AIGC已然在众多领域崭露头角，其卓越的能力以及所引发的深刻变革，我们均有目共睹。不过，这仅仅是一个辉煌征程的起始点。遥想未来，AIGC有极大的潜力重塑整个内容创作生态体系，凭借着超乎寻常想象的智能水准，为各行各业源源不断地注入崭新活力。无论是新闻传媒领域的信息传播，还是医疗教育行业的知识传递，抑或是娱乐休闲产业的大众消遣，乃至科研创新前沿的探索突破，AIGC的影响力都将如影随形，遍及每一处角落。在此，我们将从技术发展的趋势走向、应用拓展的多元维度以及产业合作的战略布局等多方面，对AIGC在未来所即将引发的变革进行深入且全面的预测与剖析。

一、技术发展趋势预测

（一）模型架构创新

除了基于Transformer架构的不断改进，未来可能会出现全新的神经网络架构，为AIGC模型带来更强大的性能和更高效的训练与推理能力，使其能够更准确地理解和生成自然语言及其他模态的内容。

（二）多模态融合深化

多模态混合大模型将成为主流，在内容输入和输出方面实现更自然、更深入的多模态交互。模型能够同时处理和生成文本、图像、音频、视频等多种模态的信息，为用户提供更加丰富、立体的体验，拓展在复杂场景下的应用，如社交媒体分析、情感识别等。

（三）性能持续提升

模型参数规模将进一步扩大，可以通过更先进的优化技术，如稀疏化技术和参数压缩，在提升模型性能的同时降低运算成本并减少时间延迟，使其能够在更多计算资源有限的环境中发挥出色性能，更好地满足实际应用的需求。

二、应用拓展与深化预测

（一）行业应用多元化

AIGC将在更多行业实现深度应用和价值创造：在医疗领域，为疾病诊断、药物研发、个性化治疗方案制定等提供支持；在教育领域，生成个性化学习内容和教学方案；在金融领域，用于风险评估、投资决策、客户服务等；在娱乐行业，创造更丰富的影视、音乐、游戏等数字内容。此外，在工业、政务、传媒等领域也将不断涌现新的应用场景，推动各行业的数字化转型和创新发展。

（二）内容创作与传播变革

AIGC将改变传统的内容创作模式，实现从创意构思、文案撰写、图像设计到视频制作等全流程的智能化辅助创作，提高内容生产的效率和质量。同时，基于AIGC的个性化推荐系统将更加精准地为用户推送感兴趣的内容，提升内容传播的效果和影响力，重塑内容产业的生态格局。

（三）智能交互升级

AIGC技术将使人机交互更加自然、流畅和智能，通过对用户语言和行为数据的分析与学习，实现更具情感理解和上下文感知能力的对话生成，为用户提供更加个性化、贴心的交互体验，可广泛应用于智能客服、虚拟助手、智能办公等领域，提高人机协作的效率和质量。

三、产业发展与合作预测

（一）云服务与AIGC融合

得大模型者得云计算天下，“公有云+大模型”和“私有云+小模型”两种模式将并存。公有云平台凭借其广泛资源和强大计算能力，支持大规模的AIGC训练和推理，适用于处理大量数据和高性能计算需求的应用；私有云则为对数据隐私和安全性要求较高的企业提供了定制化的解决方案，如可应用于金融、医疗和政府等行业。云服务提供商将与AIGC技术厂商深度合作，共同推动AIGC产业的发展。

（二）产业生态构建

AIGC的发展将带动相关产业的协同发展，形成包括硬件设备制造商、软件开发者、数据标注与处理企业、内容创作者、应用开发者等在内的完整产业生态。各方将加强合作与交流，共同探索新的商业模式和应用场景，实现资源共享、优势互补，促进AIGC产业的繁荣。

（三）开源与闭源并存

一方面，开源大模型将继续为开发者提供基础和参考，推动技术的快速传播和创新应用，激发更多的开发者基于开源模型进行定制化开发和研究；另一方面，一些具有核心技术优势的企业也会选择闭源开发，以保护自身的技术知识产权和商业利益，通过提供付费的API或专业服务等方式实现商业价值。

四、机构媒体扮演角色的预测

（一）内容生产者

提升内容生产效率：AIGC技术可辅助生成新闻报道、广告文案、视频脚本等各类内容，加快内容产出速度，满足信息快速传播的需求。比如，在体育赛事报道中，AIGC可以快速生成赛事综述、运动员数据等基础内容，记者可在此基础上进行深度分析和个性化解读，提高报道的时效性和丰富度。在突发新闻报道现场，AIGC可以快速生成新闻初稿，协助筛选海量信息，提供多语言支持，增强报道客观性，优化内容，生成可视化素材，预测事件走向，有效提升新闻报道的效率和质量，增加深度。在融媒体新闻报道中，AIGC可快速创作多形式内容，助力信息处理与分析，优化内容质量，实现多语言传播互动并提升报道效率，作用显著且多元。

创新创作模式：AIGC能帮助我们实现创作模式的创新，在创作形式上，实现多模态融合与个性化定制，如将文字转图像视频、依据用户数据生成专属内容；创作效率方面，可快速出初稿并智能整理素材，助力及时报道并高效创作；在质量提升上，可增强准确性并激发创意灵感，减少错误并提供新颖思路；传播互动时，可优化推荐策略并借助聊天机器人等提升互动体验，精准推送并增强用户参与感；内容衍生拓展中，能创作衍生作品，挖掘潜力，拓展受众，还可探索新主题领域，凭借知识整合能力开辟新空间，为机构媒体内容创新注入强大动力，助力其在媒体变革浪潮中脱颖而出，更好地满足受众需求与时代发展要求。同时AIGC也能与其他技术融合，可以实现生成虚拟现实（VR）/增强现实（AR）体验、互动式多媒体内容等，为受众带来全新的沉浸式体验，增强内容的吸引力和竞争力。

（二）技术推动者

参与技术研发合作：与科技企业、科研机构等合作，共同开展AIGC技术研发，为主流的AIGC技术发展贡献媒体行业的专业知识和应用场景需求，推动技术的优化和创新，使其更好地服务于媒体内容生产和传播。例如，一些知名机构媒体与人工智能领域的顶尖科技公司联合成立专项研究小组，针对AIGC在新闻采编、内容生成精准度提升以及语义理解深化等关键环节的作用展开深度探索。双方共同投入研发资源，共享技术经验与行业洞察结果，致力于优化AIGC模型架构，使其能更好地适应媒体行业复杂的内容生产需求。通过这种紧密合作，机构媒体将自身对新闻传播规律、受众喜好以及内容价值导向的深刻理解融入技术研发过程，确保AIGC技术在服务媒体业务时既能高效运作，又能达到新闻传播的要求。

提供高质量数据资源：机构媒体拥有丰富的内容素材宝库，这为AIGC技术发展提供了优质的资源。机构媒体可以通过对自身积累的海量文字、图片、音频、视频等数据进行系统梳理与整合，建立起规范的数据管理体系。在数据提供过程中，应注重数据的质量把控，通过专业编辑团队对数据进行筛选、标注与审核，确保数据的准确性、权威性与合法性。例如，在提供新闻数据时，对新闻事件的要素、背景以及相关人物信息进行详细标注，使AIGC模型在学习过程中能获取全面且精准的信息，从而有效提升模型训练效果，为AIGC生成高质量、符合媒体行业规范与受众期待的内容奠定坚实基础。

（三）应用探索者

拓展应用场景：积极探索AIGC在媒体业务各个环节的应用，深入挖掘其在各业务环节的潜力。在新闻采编流程中，媒体可利用AIGC进行选题策划，通过对海量数据的分析预测热点话题，为记者提供具有前瞻性的报道方向。在采访环节，记者可借助AIGC快速整理采访要点，生成初步的采访提纲。而在新闻撰写环节，AIGC能够依据采集到的信息迅速生成新闻初稿，记者再进行润色补充，大大提高新闻产出的效率。例如在突发事件或紧急事件报道中，AIGC无需休息，在任何时间都可持续工作，能够不间断地及时为受众提供最新的信息和动态，确保新闻报道的及时性和连续性。在跨国、跨地区的融媒体新闻报道中，AIGC的实时翻译功能能够快速将不同语言的新闻内容进行准确翻译，打破语言障碍，方便不同语言背景的受众获取信息，扩大新闻的传播范围和影响力。在编辑审核环节，AIGC可以帮助检查语法错误、核对事实信息，确保内容质量。在传播推广环节，AIGC基于个性化推荐算法，能根据用户的浏览历史、地理位置等多维度数据，精准推送新闻内容，提高用户点击率和阅读量。

引领行业创新应用：作为媒体行业的引领者，机构媒体应勇于先行先试，积极打造行业标杆。一些媒体已率先推出基于AIGC的虚拟主播，实现24小时不间断播报新闻，不仅丰富了播报形式，还可在特殊时期或紧急情况下保障新闻传播的及时性。同时，机构媒体还在探索AIGC与新媒体互动形式的结合，开发出具有互动功能的新闻产品，如让用户通过与AIGC互动来决定新闻故事的讲述方式或参与新闻话题讨论，增强用户的参与感和黏性。此外，在媒体融合的大背景下，机构媒体利用AIGC技术整合多种媒体资源，打造跨平台、跨终端的融媒体内容生态，为其他媒体提供了可借鉴的创新模式，推动整个行业向智能化、多元化方向发展。同时，机构媒体可以尝试将AIGC应用于新兴的业务领域和商业模式，如开展基于AIGC的智能媒体服务、打造定制化内容创作平台等，能为整个行业的创新发展提供借鉴和思路。

（四）人才培养者

开展内部培训：机构媒体可依据自身业务需求与AIGC技术应用规划，设计培训课程体系。首先，针对不同岗位员工需求，组织AIGC的基础知识普及讲座，让全体员工了解AIGC的基本概念、技术原理及其在媒体行业的潜在应用场景。例如，让编辑人员明白如何运用AIGC进行文本优化，让记者了解怎样借助其挖掘新闻线索。其次，开展针对性培训工作坊，邀请专业技术人员或AIGC平台的培训师，指导员工操作AIGC工具，如使用特定的智能写作软件创作新闻稿件、利用图像生成工具制作配图等，提升员工在日常工作中运用AIGC的技能水平。再者，通过案例分析与经验分享会，剖析成功的AIGC应用案例，总结经验教训，培养员工的创新思维与问题解决能力，使他们能够在实际工作中灵活应对AIGC应用过程中出现的各种挑战。

推动行业人才教育：机构媒体可与高校、职业培训机构等教育主体合作。一方面，参与高校相关专业课程设置的研讨与设计，将AIGC前沿知识与媒体实践需求融入新闻学、传播学、计算机科学等专业的教学大纲中，如开设AIGC与新闻传播实践课程，为学生提供理论与实践相结合的学习内容。另一方面，为教育机构提供实习基地与实践项目，让学生在真实的媒体环境中接触并运用AIGC技术，积累实践经验。同时，机构媒体还可组织行业研讨会、学术论坛等活动，汇聚各方专家学者与行业精英，共同探讨AIGC人才培养的最佳模式与发展路径，为行业人才教育营造良好的交流合作氛围，从而促进AIGC人才的规模化、高质量培养，为整个媒体行业的智能化转型提供坚实的人才保障。比如南方报业传媒集团已成立AIGC创作培训基地，通过举办相关创作大赛、开展专题培训等，培养专业人才。

（五）价值引导者

确保内容质量与价值导向：机构媒体建立了严格的内容审核机制，可将专业的编辑团队与智能审核工具相结合，对AIGC生成的内容从事实准确性、语言规范性、价值取向等多维度进行把关。例如，在新闻报道中，杜绝虚假信息、夸大其词或带有偏见的表述，确保所传播的信息客观公正且符合社会主流价值观。同时，机构媒体可通过制定详细的内容创作指南，引导AIGC朝着积极健康、富有深度的方向生成内容，鼓励其挖掘有意义的新闻故事和文化作品，弘扬正能量，传播优秀传统文化。

促进公众认知与理解：机构媒体可积极开展科普宣传活动，利用自身的多平台传播渠道，如网站、社交媒体账号、电视广播节目等，以通俗易懂的方式向公众介绍AIGC技术的原理、应用范围及潜在影响。例如，制作科普短视频解释AIGC如何生成新闻稿件或创作艺术作品，举办线上线下讲座邀请专家与公众互动交流，解答关于AIGC的疑问。通过这些举措，机构媒体能帮助公众正确认识AIGC技术，消除因不了解而产生的误解与恐惧，提升公众对AIGC内容的辨别能力，引导公众理性看待和使用AIGC生成的信息。

合规合法方面：机构媒体应密切关注相关法律法规政策的变化，可成立专门的法务合规团队，研究数据安全法、知识产权法、新闻传播相关法规等对AIGC应用的要求。在数据使用上，应确保AIGC训练数据来源合法合规，尊重用户隐私权与数据所有权。在内容发布上，应严格遵守新闻审查制度与广告法等规定，防止违法违规的AIGC生成内容流入市场，维护健康有序的媒体传播环境，为AIGC技术在合法合规的轨道上发展起到示范与监督作用。

（六）产业融合者

推动媒体与其他行业融合：机构媒体应积极主动地寻求跨行业合作机会。例如，与科技行业深度协作，将AIGC技术引入新闻生产流程，不仅可以提高内容产出效率，还可创新新闻呈现形式，如利用虚拟现实（VR）、增强现实（AR）技术打造沉浸式新闻体验，让受众更直观地感受新闻事件。在教育领域，机构媒体可与学校及教育机构合作，借助AIGC开发智能教育内容，根据学生的学习进度和特点生成个性化的教材、辅导资料和试题，实现精准教学辅助。在医疗领域，机构媒体可与医学机构联合运用AIGC分析医疗数据，辅助疾病诊断，生成医学科普作品，提升医学知识的传播效率和普及程度。在文化娱乐领域，机构媒体可与影视制作公司、游戏开发商等合作，让AIGC参与剧本创作、角色设计、游戏关卡生成等环节，丰富文化创意产品的内容与形式，拓展受众的文化消费体验。

附录

术语表

术语	解释	备注
AIGC	全称为Artificial Intelligence Generated Content，即人工智能生成内容，利用人工智能技术如机器学习、深度学习等算法模型，依据给定的提示或数据，自动生成文本、图像、音频、视频等各种形式的内容。	涵盖范围广泛，是当前技术发展热点领域。
生成对抗网络（GAN）	由生成器和判别器组成的一种深度学习模型架构。生成器负责生成逼真的数据，判别器则判别数据是来自真实数据还是生成器生成的数据，两者相互对抗训练，最终使生成器能生成高质量的逼真数据，常用于图像生成等任务。	在图像生成领域应用广泛，如生成艺术画作、人物图像等。
自然语言处理（NLP）	研究计算机如何理解、分析、生成人类语言的技术领域，包括文本分类、情感分析、机器翻译、文本生成等多项子任务，是AIGC中处理文本内容的关键技术支撑。	涉及众多算法和模型，如Transformer架构等。
大模型	指参数规模巨大的预训练模型，例如GPT系列、BERT等，通过在大规模语料上进行预训练，学习到丰富的语言知识和语义信息，然后可以在各种自然语言处理任务上进行微调或直接应用，以生成高质量的文本内容。	大模型的训练需要大量计算资源和数据。
预训练	在大规模数据集上预先训练模型的过程，使模型学习到通用的特征和知识，之后可针对特定任务进行微调，这样能减少特定任务上的训练数据量和训练时间，提高模型的泛化能力和性能。	是当前很多AIGC模型构建的重要步骤。

（续表）

术语	解释	备注
微调	在预训练模型的基础上，使用特定任务的小数据集对模型进行进一步训练，调整模型的参数，使其适应特定任务的需求，如在预训练的语言模型基础上进行情感分析任务的微调。	可以在不改变模型整体架构的基础上优化特定任务表现。
提示工程	设计合适的提示语或输入文本，引导AIGC模型生成符合预期的内容，例如通过精心设计问题或指令，让模型生成高质量的文章、回答准确的问题等。	有效的提示工程能显著提升AIGC应用效果。
嵌入（Embedding）	将文本、图像等数据转换为低维向量表示的过程，这样在模型计算中可以更方便地处理这些数据，例如将单词转换为词向量，图像转换为图像向量，相似的数据在向量空间中也会更靠近。	是很多AIGC模型数据处理的基础操作。
注意力机制（Attention）	模型在处理序列数据时，能够自动聚焦于数据中不同部分的机制，通过对重要信息分配更多的注意力权重，提高模型对关键信息的捕捉和处理能力，在自然语言处理和图像识别等任务中广泛应用。	能提升模型处理长序列数据的性能。
强化学习	一种机器学习方法，模型通过与环境进行交互，根据环境反馈的奖励信号来学习最优的行为策略，在AIGC中可用于优化生成内容的质量，例如通过奖励模型生成更符合用户喜好的内容，使其不断改进生成策略。	常用于训练智能体生成最优内容策略。
扩散模型	一种基于随机扩散过程的生成模型，通过逐步去噪的方式从随机噪声中生成数据，如Stable Diffusion利用扩散模型生成高质量的图像，在图像生成领域表现出色。	在图像生成方面取得了很好的效果。
文生图	给定一段文字描述，AIGC模型根据文字内容生成对应的图像，例如根据“美丽的海边日落”生成海边日落的图像，常用的工具有Midjourney、Stable Diffusion等。	在创意设计、艺术创作等领域有广泛应用。

（续表）

术语	解释	备注
图生文	输入一张图像，AIGC模型对图像进行分析理解，然后生成描述该图像的文字内容，可用于图像标注、辅助视觉障碍者理解图像等。	有助于图像信息的文字化表达。
文生视频	依据文本描述生成视频内容的技术，目前仍在发展中，一些工具和研究已经能够生成简单的视频片段或动态图像序列，具有很大的发展潜力。	未来有望在影视创作等领域产生变革性影响。
零样本学习	模型在没有见过特定任务的训练数据的情况下，通过学习其他相关任务或通用知识，仍能够对该任务进行处理和生成内容，例如在没有专门针对某种新风格写作训练的情况下，根据已有的语言知识生成该风格的文本。	考验模型的泛化和迁移能力。
少样本学习	只需少量的特定任务训练数据，模型就能快速学习并执行该任务，相比传统的大量数据训练方式，大大减少了数据需求，提高了模型的适应性和效率。	在数据资源有限时较为实用。
知识图谱	一种以图结构存储知识的方式，将实体、关系和属性等知识元素以节点和边的形式组织起来，AIGC可以利用知识图谱更好地理解和生成涉及知识推理和关联的内容，如生成基于知识的问答、故事创作等。	有助于提升AIGC内容的知识深度和逻辑性。
LLM	Large Language Model	大型语言模型
多模态	Multimodal，文本、语音、图像、视频是不同的模态，多模态模型又分为多模态理解和多模态生成。	多模态理解：理解文本、语音、视频、图像两种及以上，就可以叫做多模态理解。 多模态生成：生成文本、语音、视频、图像两种及以上，可以称其具备多模态生成能力。
大模型幻觉	Hallucination，大模型生成的虚假和不正确信息， 在Meta的“RAG”论文中被提及，是不是首次提出这个词不知道。	幻觉分类：上下文回答自相矛盾和不忠于事实的幻觉（编造、扭曲事实）。

（续表）

术语	解释	备注
prompt（提示词）	中文叫法即“提示词”，分为用户提示词和系统提示词。	用户提示词就是你与大模型说的话；系统提示词就是你给大模型定义的身份、角色、工作任务等。
token	词元，在机器学习和深度学习领域范畴，代表的是模型所处理的基本单位。	在其他范畴，如接口开发中，token代表的是令牌（用户认证的令牌）。
tokenizer	词元化器，将文本、图像等模态数据，转化为token的过程。	
SFT	Supervised Fine-Tuning，有监督模型微调，简称微调，也称对齐，也可以叫“Fine-tuning”。	即在预训练大模型基础上，使用一定量的有标记的数据来对预训练大模型进行效果微调，调整的是模型的全部或部分参数。
过拟合	Overfitting，模型在训练数据上表现过好，换到另一份新的数据上表现很差。	这是一种模型未训练好的典型体现。造成的原因可能是数据量不足、模型复杂度过高、训练时间过长。
欠拟合	Underfitting，模型未能捕捉数据特征，即模型无法充分拟合训练数据。	这是另一种模型未训练好的典型体现。原因可能是模型过于简单、训练数据不足等。
RAG	Retrieval-Augmented Generation，检索增强型生成模型。	2020年，由Meta（原Facebook）在论文“Retrieval-Augmented Generation for Knowledge-Intensive NLP Tasks”中提出。
蒸馏	在AI领域，“蒸馏”通常指一种模型压缩技术，它通过训练一个较小的模型（称为学生模型）来模仿一个较大、更复杂的模型（称为教师模型）的行为。	这种方法可以使学生模型在保持相对较小的规模的同时，尽可能地复制教师模型的性能，无需存储教师模型的所有参数。

（续表）

术语	解释	备注
ComfyUI	ComfyUI是一个用户界面框架，它被设计用于与AI生成模型（如Stable Diffusion、FLUX.1等）配合使用，给用户提供一个更加舒适和易于操作的界面。	
DiT	Diffusion Transformer，即扩散变换器。	目前文生图、文生视频技术的主流模型架构。
LoRA	Low-Rank Adaptation/Adaptor，低秩适应技术。一种大模型的微调手段。措施是冻结一部分参数。	可用在视觉和NLP领域，在文生图领域里，主要用于控制图像生成的风格，比如3D卡通、中国风、复古风等等。
ControlNet	控制网络，用于模型输出的引导，多用在文生图领域，用于精确控图。	给定参考图（俗称垫图），让大模型参照参考图的图像深度、姿势、构图等生成图像。
ASR	Automatic Speech Recognition，即语音识别技术。	在大模型出来之前就一直有人研究的AI语音领域的技术。
TTS	Text-to-Speech，即文本合成语音技术。	
容器化技术	容器化技术是一种软件开发实践，它允许开发者将应用程序及其依赖项打包到一个轻量级、可移植的容器中。这些容器在运行时是隔离的，确保了应用程序可以在不同的环境中一致地运行，而不受底层基础设施的影响。	相关技术包括Docker、K8s（Kubernetes）（谷歌设计的）等。K8s是一个开源的容器编排平台，用于自动化部署、扩展和管理容器化应用程序。Kubernetes提供了一个运行分布式系统的框架，能够无缝地扩展和管理跨主机集群的容器应用。

（续表）

术语	解释	备注
微服务	它就是一种软件开发架构，目的是提高软件开发的效率、灵活性、标准性。	具体是：将一个应用程序分解为一组小服务，每个服务运行在其独立的进程中，并通过轻量级的通信机制（通常是HTTP RESTful API）进行交互。这些服务围绕特定的业务能力构建，并且可以独立地部署、扩展和更新。
智能体	在人工智能领域，智能体是指能够感知环境、进行决策并采取行动以实现特定目标的实体或系统。它可以自主地与环境交互，通过学习和推理不断优化自身行为策略，在AIGC中可用于内容创作的自动化流程控制、与用户的交互引导等，例如根据用户需求自动规划并生成一篇完整的文章，或者在虚拟环境中代表用户进行信息收集和创作任务的发起。	智能体的概念强调自主性和目标导向性，其能力取决于所采用的人工智能技术和算法设计。
抽帧	抽帧是一种视频处理技术，即从连续的视频序列中按照一定的规则抽取特定的视频帧。这些被抽取的帧可以用于视频分析、关键帧提取、视频压缩、制作视频预览或缩略图等用途。例如，每隔固定数量的帧抽取一帧，或者根据视频内容的变化特征（如场景切换、动作变化等）来抽取代表性的帧。	抽帧的频率和策略会根据具体的应用场景和需求而有所不同，合适的抽帧操作可以在不损失太多视频信息的前提下有效减少数据量或获取关键视觉信息。

（续表）

术语	解释	备注
抽卡	原本常用于集换式卡牌游戏中，玩家通过购买卡包或参与特定活动随机获得卡牌。在AIGC语境下，特别是一些涉及角色养成、随机内容生成的游戏或应用中，抽卡表示通过随机算法从预先设定的角色、道具、场景等元素库中抽取特定的元素，以增加游戏的随机性、趣味性和不确定性，玩家可以通过抽卡获取新的角色形象用于游戏剧情推进或其他互动体验，这些角色形象通常是由AIGC技术生成的具有不同属性和外观特征的虚拟形象。	抽卡机制的设计往往会考虑概率平衡等因素，以确保游戏的公平性和可玩性，同时也会利用AIGC技术不断丰富可抽取的元素内容。
Flow（可逆流模型）	它是一种生成模型。与传统的生成模型（如GAN、VAE）不同，Flow模型基于可逆变换构建。其核心在于通过一系列可逆的映射操作将简单的分布（如高斯分布）转换为复杂的数据分布（如图像、音频等数据的分布）。在这个过程中，能够精确地计算概率密度函数，这对于生成高质量的样本以及进行概率推断非常有帮助。例如在AIGC中用于生成图像、视频等内容时，可以通过Flow模型将潜在空间的简单分布转换为目标内容的分布。	Flow模型的优点包括能够精确计算似然值，训练过程相对稳定，但其架构设计较为复杂，计算成本可能较高，特别是在处理高维复杂数据时。在AIGC应用中，常和其他技术结合使用，发挥其在生成高质量内容方面的优势。
开源（Open-Source）	指软件或模型的源代码是公开的，任何人都可以查看、使用、修改和分发。在AIGC领域，开源大模型允许开发者和研究人员根据自己的需求对模型进行定制化，如调整模型结构、优化参数等，促进技术的共享和快速发展。	开源有助于社区协作，但可能存在知识产权管理复杂、安全风险（如恶意篡改代码）等问题。
闭源（Closed-Source）	与开源相反，软件或模型的源代码不公开，只有拥有者或授权方可以对其进行维护、修改和升级。闭源的AIGC模型通常作为商业产品提供服务，开发者对模型的内部细节和算法严格保密。	闭源模型可以更好地保护知识产权和商业机密，但限制了用户的自定义能力和技术透明度。

（续表）

术语	解释	备注
混合专家模型（MoE-Mixture of Experts）	一种深度学习架构，由多个“专家”子模型组成，每个子模型专注于处理特定类型的数据或任务部分。在运行时，根据输入数据的特征，通过门控机制动态地选择或组合这些专家的输出。在AIGC中，MoE可以提高模型处理复杂任务的能力。	MoE架构能够有效利用模型参数，提升性能，但模型结构复杂，训练和调优难度较大。
密集连接模型（Dense）	指神经网络中每层的神经元都与下一层的所有神经元相连，信息能够在层与层之间充分流动。这种模型结构相对简单直接，是传统神经网络的常见形式。在AIGC早期发展阶段使用较多。	Dense模型在处理一些相对简单的任务时效果较好，但对于大规模、复杂的数据和任务，可能会出现过拟合等问题。
模型即服务（MaaS-Model as a Service）	一种云计算服务模式，将预训练好的AI模型通过API等方式提供给用户，用户无需自己构建和训练模型，只需使用模型的推理服务来完成各种任务，如文本生成、图像识别等。在AIGC商业应用中很常见。	MaaS降低了用户使用AIGC模型的门槛，但对服务提供商的模型质量、性能和安全性要求较高。
软件即服务（SaaS-Software as a Service）	基于云计算的软件交付模式，用户通过互联网浏览器访问和使用软件应用程序，而不是在本地安装软件。在AIGC相关软件应用（如某些文本生成工具）中也有体现。	SaaS方便用户使用，易于更新和维护，但对网络连接依赖较大，且数据隐私可能是一个关注点。
平台即服务（PaaS-Platform as a Service）	为开发者提供一个云计算平台，包括操作系统、编程语言运行环境、数据库等，让开发者能够在上面开发、测试和部署应用程序。在AIGC开发环境搭建中可能会涉及。	PaaS帮助开发者快速搭建应用，节省基础设施搭建时间，但对平台的兼容性和安全性有一定要求。
基准测试（Benchmark）	用于评估和比较不同AIGC模型、算法或系统性能的标准测试集或方法。通过在相同的数据集和评估指标下进行测试，能够客观地衡量各个模型的优劣，如语言理解准确性、生成文本的质量等。	Benchmark测试结果受数据集、评估指标选择的影响较大，需要选择合适的、具有代表性的测试集才能真实反映模型性能。
高阶推理（High-Order Reasoning）	在AIGC中，指模型能够进行复杂的逻辑思考、抽象思维和知识整合，以解决需要深入理解、多层逻辑推导的任务，如复杂的数学问题求解、科学理论论证等。	高阶推理能力是衡量AIGC模型智能水平的重要指标之一，需要大量高质量的数据和复杂的模型架构来支持。